Viktor Hahn
Klemens Jockwig

**Kann ich diese Kirche
lieben?**

Offene Gemeinde

Band 20

Herausgegeben vom Institut der Orden
für missionarische Seelsorge
und Spiritualität, Frankfurt/Main

Kann ich diese Kirche lieben?

Herausgegeben von
Viktor Hahn
Klemens Jockwig

Mit Beiträgen von
Winfried Daut
Viktor Hahn
Klemens Jockwig
Peter Lippert
Hermann-Josef May

Lahn-Verlag Limburg

© 1973 Lahn-Verlag Limburg · Imprimatur: Limburg an der Lahn,
am 4. September 1973, Christian Jung, Generalvikar · Imprimi
potest: Köln, am 5. September 1973, Eduard Newrzella, CSSR,
Provinzvikar · Umschlaggestaltung: Erwin Nun, Limburg · Um-
schlagfoto: Werner H. Müller, Stuttgart · Gesamtherstellung:
Pallottinerdruck und Lahn-Verlag GmbH, Limburg · Abdruck, auch
auszugsweise, nur mit Genehmigung des Verlags.

ISBN 3-7840-1021-0

Inhaltsübersicht

Zur Einführung

Seit vier Jahren versuchen wir, in der österlichen Bußzeit die Tradition der Fastenpredigten aufzugreifen und für unsere Zeit fruchtbar zu machen. Diese scheint uns vor allem durch die Notwendigkeit bestimmt, den (bei einer Predigt immer vorrangigen) Impuls für ein glaubendes Leben in einer (auch heutigem Denken zugänglichen) Glaubensinformation zu verankern.

So behandelten wir nacheinander das Apostolische Glaubensbekenntnis, die sogenannten Letzten Dinge und die Problematik der Gotteserfahrung.[1] In diesem Jahr sollte

1 Diese Predigtreihen wurden bereits veröffentlicht:
V. HAHN − M. KRATZ (Hrsg.), Ich glaube und bekenne. Ansprachen zum Apostolischen Glaubensbekenntnis, LAHN-VERLAG Limburg 1971, Offene Gemeinde, Bd. 11.
V. HAHN − K. JOCKWIG (Hrsg.), Was auf uns zukommt. Ansprachen zu den Letzten Dingen, LAHN-VERLAG Limburg 1971, Offene Gemeinde Bd. 14.
V. HAHN − K. JOCKWIG (Hrsg.), Wo begegnet uns Gott? Zehn Predigten, LAHN-VERLAG Limburg 1972, Offene Gemeinde Bd. 18.

der Rahmen zur Sprache kommen, in welchen die genannten Fragen hineingestellt sind: Die Kirche. Sie ist nicht nur der Ort des Glaubens, sondern von ihrer konkreten Gestalt her für viele auch der Ansatzpunkt des Zweifels und des Protests. Dieser Tatsache möchte die Frage gerecht werden, welche die Predigten dieses Jahres umfaßt: Kann ich diese Kirche lieben? In ihr wollten wir wieder den notwendigen induktiven Ansatz aufgehoben wissen.

Die beiden ersten Predigten versuchen, mehr auf grundsätzliche Art die Kirche in ihrer Aufgabe und in ihrem Wandel vorzustellen, bevor die sich daran anschließenden vier Predigten einzelne Bereiche der Kirche in den Blick nehmen, nämlich das Dienstamt, den Apparat, ihre Normen und ihren Missionsauftrag.

Es versteht sich von selbst, daß von der beschränkten Zahl der Predigten her nicht alles angesprochen werden konnte und (wie etwa das Problem der Ökumene) allenfalls mit einem anderen Thema kurz verbunden werden mußte. Nicht mehr eigentliche Fastenpredigten, sind die beiden letzten Ansprachen durch die Liturgie des Karfreitags und des Ostertags geprägt. Dennoch sind sie als Hinweis auf Jesu Tod und Auferstehung der eigentliche Abschluß der Reihe und ein Hinweis auf die letzte Lebenswirklichkeit, aus der sich Kirche ständig aufbaut und erneuert: So, wie im Tod Jesu das Besserwissen des Menschen über das Angebot Gottes triumphiert, in der Auferstehung hingegen Gott sich als der Sieghafte und Treue erweist, so wird auch die Kirche immer wieder unter dem Gesetz des Kreuzes und damit unter dem Gesetz menschlicher Verfälschung und Besserwisserei bleiben und dabei dennoch die Erfahrung des sieghaften, von Gott geschenkten Lebens machen dürfen und somit grundsätzlich unter dem Gesetz der Hoffnung leben.

Wieder stand es frei, den Themen entsprechende Perikopen zu wählen, die bei mancher Predigt erst am Ende

gelesen wurden als das von Gott selbst gegebene Schluß-
wort. Wieder wurden die einzelnen Ansprachen für den
Druck nur geringfügig überarbeitet oder mit Anmerkun-
gen versehen.

Wenn wir auch in diesem Jahr diese Predigtreihe ver-
öffentlichen, dann ermutigt durch manche Reaktion auf
unsere Versuche und in der Hoffnung, anderen Hilfe und
Anregung für Verkündigung und Vortrag zu geben.

Viktor Hahn
Klemens Jockwig

Hennef-Geistingen, im Mai 1973

Viktor Hahn # Wozu eigentlich Kirche?

Kirche und ihr Auftrag
Mt 10,1.7f; Apg 2,42—47[1]

Die beginnende Fastenzeit will für uns eine Zeit der
Besinnung sein und der Konzentration auf unser Leben
aus dem Glauben. Wie immer soll uns dabei ein bestimm-
ter Gedanke als Leitlinie gelten, der in diesem Jahr auf
die Kirche zielt, eingefangen in die Frage: *Kann ich diese
Kirche lieben?*
Diese Frage meint nicht eine billige Kritik an der Kirche,
die heute für viele längst zum guten Ton gehört und all-
zuleicht über die Lippen geht; diese Frage meint vielmehr
die ernste Sorge vieler Glaubender angesichts der konkreten Gestalt dieser unserer Kirche: Kann ich diese Kirche lieben, ohne die manches in meinem Leben einfacher
wäre?

1 Die Predigt sollte ausnahmsweise vor den Lesungen gehalten werden und zu diesen hinführen, weil diese den
Gedanken besser abschließen als anstoßen.

Kann ich diese Kirche lieben, die doch oft genug nicht mehr das zu sein scheint, was sie einmal war, und die andererseits noch lange nicht das ist, was sie sein könnte und müßte?

Kann ich diese Kirche lieben, die in eigenartigen Amtsformen und Autoritätsbegriffen auftritt, die sich mit einem Apparat umgibt wie ein souveräner Staat, deren Norm und Gesetz mein Gewissen einzuengen scheinen, und die manchmal recht anmaßend und selbstherrlich aufzutreten weiß, wenn sie der Welt ihre Botschaft anbietet und ihren Glauben verkündet?[2]

Fragen, denen wir nachgehen wollen und auf die wir — das sei hier bereits deutlich gesagt — immer nur jene Antwort finden werden, die im Leben Jesu selber sichtbar wird, wenn er sich am Kreuz menschlicher Gemeinheit unterwirft, um in seiner Auferstehung das Leben und die Liebe als stärker auszuweisen.[3] So, und genau so wird es auch mit dieser Kirche sein: Ihre Menschlichkeit — und in sie hineingebunden ihre Sünde — wird uns immer wieder bange fragen lassen; ihre von Gott geschenkte Kraft wird uns die Möglichkeit geben, sie zu glauben und zu lieben.

Innerhalb dieser Problematik soll uns heute die erste der gestellten Fragen beschäftigen: *Wozu eigentlich Kirche?*

Wozu eigentlich Kirche, wenn sie unser Leben kompliziert, weil manche Hypothek der Geschichte auf ihr lastet und den Blick auf Jesus zu verdecken droht?

Wozu eigentlich Kirche, wenn doch Jesus selbst gegen die etablierte Religion anging und der äußeren Form gegen-

2 Diesen Fragen gelten die ersten sechs Predigten, die als eigentliche Fastenpredigten an den Sonntagen der Fastenzeit gehalten wurden.

3 Diese Thematik bildet den Inhalt der siebten und achten Predigt, die so auf den Karfreitag und Ostersonntag passen und damit zugleich die Predigtreihe abschließen.

über die persönliche Bindung des Menschen an Gott betonte?[4] Wozu eigentlich Kirche, wenn ihr Reden und Tun oft kaum noch in unsere Welt hineinpaßt und so der Sache Gottes eher zu schaden als zu nützen scheint?

Fragen, die durchaus nicht theoretisch gestellt sind, die uns vielmehr immer wieder vorgehalten werden, und die oft genug in uns selber aufbrechen, wenn wir nüchtern Kirche und Welt besehen. Wozu eigentlich Kirche? Eine Frage, auf die wir eine grundsätzliche und dreifache Antwort zu geben haben.

Von Jesus gesetzt

Von Jesus gesetzt. Das ist die erste Antwort, und sie meint einfach dieses: Wir können die Kirche eigentlich nicht in Frage stellen, weil es sie gibt, und zwar weil es sie von Jesus her gibt. Dies wird vielleicht manchem als Kurzschluß erscheinen und als voreilig gegebenes Argument, das uns mundtot machen will; vielleicht sind wir sogar über ein solches Argument schockiert. Aber ein solcher Schock ist notwendig, weil er von Anfang an daran erinnert, daß menschliches Fragen und menschliches Bedenken die Kirche als eine Wirklichkeit Gottes und damit als eine Sache des Glaubens eigentlich gar nicht fassen können. Denn wo wir uns auf der einen Seite mit dieser Kirche befassen und uns mit ihr quälen, da wissen wir auf der anderen Seite von unserer glaubenden Überzeugung her, daß genau in dieser Kirche jene Erfahrung lebendig bleibt, die Gott mit sich in Jesus machen ließ. Das ist unser Glaube. Aber es ist ein Glaube, der begreifbar gemacht werden kann; ein Glaube, der sich auch un-

---

4 Vgl. dazu die Tempelreinigung in Mk 11,15—19 parr und die Sabbatfrage in Mk 2,23—3,6 parr.

serem Denken erschließt, auch wenn er sich letztlich nicht beweisen läßt.

Von Jesus gesetzt. Zwar hat dieser Jesus in seinem Leben wahrscheinlich nie von Kirche gesprochen (die beiden Stellen, an denen in den Evangelien dieses Wort gebraucht ist[5], verwenden es wohl wie selbstverständlich, weil zu der Zeit ihrer Niederschrift Kirche als auf Jesus zurückgehende Gemeinde längst Wirklichkeit ist); aber dieser Jesus hat in seinem Leben Fakten gesetzt, die Kirche einfach werden ließen.

Jesus sammelt und beauftragt Jünger, die seinem Wort und seinem Werk einen größeren Radius geben sollen.[6] Jesus sammelt, belehrt und beauftragt vor allem die Zwölf, die zu einer Zeit, da man im Volk Jesus bereits abzulehnen beginnt, für diesen Jesus ein Zeichen der Zuversicht sind: als Zeichen der zwölf Stämme Israels sind sie Ausdruck der konkreten Hoffnung Jesu, daß die Botschaft vom Heil und das Heil selbst auch nach seinem Tod dieses Volk (und durch dieses Volk auch die Heiden) erreichen werde.[7]

Jesus gibt diesen Zwölfen vor seinem Tod als ersten den Auftrag, das Mahl weiterzufeiern, das er mit ihnen begeht; ab jetzt allerdings nicht mehr als Erinnerung an die Befreiung von der Herrschaft Ägyptens, sondern als Erinnerung an ihn selbst.[8]

5 Vgl. Mt 16,18 und 18,17.
6 Vgl. Lk 10,1–16 als deutlichstes Zeugnis dafür, daß nicht nur die Zwölf diesen Auftrag hatten, wenngleich er später offensichtlich als deren eigentlicher Dienst angesehen wurde, wie in Mk 6,7–13 par deutlich wird.
7 Vgl. vor allem Mt 19,28 par. Einführend zum Problem der Zwölf vgl. J. GIBLET, Die Zwölf: Geschichte und Theologie, in: Ders. (Hrsg.), Vom Christus zur Kirche, Wien 1966, 61–78.
8 Vgl. Lk 22,15–20 parr und 1 Kor 11,23–25.

Das tut Jesus, und daraus wird Kirche; denn was ist Kirche anderes als die Gemeinschaft, in der weitergetragen wird, was in Jesus war; was ist Kirche anderes als die Gemeinschaft derer, die an Jesus glauben und das Gedächtnis Jesu begehen, die aus der Erinnerung an Jesus und aus der Kraft des unter ihnen lebendigen Herrn leben.

Von Jesus gesetzt. Das bedeutet ja nicht nur ein Beginnen bei ihm, das bedeutet ein Weitergeben. Es gibt in der Geschichte jenes eigenartige Ereignis, das wir Auferstehung nennen; jene letztlich unbegreifliche, aber verbürgte Wirklichkeit, daß die Jünger, die Zwölf und darüber hinaus auch andere, die Erfahrung machen: Jesus lebt. Sie begegnen ihm immer wieder als dem Lebendigen und erhalten so die Gewißheit: Jesus ist nicht gescheitert, Jesus hat recht, Jesus bleibt, es geht weiter. Es war nicht das Ende, als man diesen Jesus an das Kreuz schlug; es geht weiter, weil er lebt.[9]

Es geht weiter, das ist endlich auch die Erfahrung der sich allmählich sammelnden Gemeinde. Angefangen beim jüdischen Erntedankfest, fünfzig Tage nach Ostern, wird ihr in immer neuen Erlebnissen die Gewißheit: Es geht weiter! Es geht weiter, weil Jesus lebt und weil sein Geist unter uns ist.[10]

Von Jesus gesetzt. Das ist die erste Antwort auf die Frage: Wozu eigentlich Kirche? Es ist die Antwort, die Jesus als Mensch, als der Auferstandene und in seinem Geist gibt: Kirche, vom Geist getragene Gemeinde ist einfach da, damit es weitergeht; damit jener Aufbruch am An-

---

9   Vgl. alle Erscheinungsberichte und vor allem die, in denen ein Auftrag zur Verkündigung eingeschlossen ist, Lk 24,48; Mt 28,16—20; Jo 20,19—23; 21,15—19.
10   Vgl. vor allem Apg 2,1—41; 10,44—48.

fang nicht im Sande verläuft, damit vielmehr Jesus auch von uns erfahren und erlebt werden kann. Und damit ist dann eigentlich schon die zweite Antwort gegeben.

Zur Begegnung mit Jesus

Zur Begegnung mit Jesus. Dazu ist Kirche da, daß wir in ihr Jesus als dem Lebendigen begegnen. Und nach dem, was bereits gesagt ist über die Sammlung der Jünger und der Zwölf, und nach dem, was sichtbar wird in der Setzung des Mahles, können wir diese Begegnung mit dem Herrn etwas entfalten.

Zur Begegnung mit Jesus *in seinem Wort*, das durch die Jünger und die Zwölf — und von ihnen her in allen, in denen ihr Auftrag weitergeht — lebendig bleibt, das sich so nicht nur als ein versprechendes Wort am Anfang gibt, sondern als ein erfüllendes und immer neu verheißendes, lebendiges Wort durch die Zeiten hindurch erfahren läßt bis hinein in die Verkündigung heute.
Zur Begegnung mit Jesus, nicht nur in seinem Wort, sondern *in seinem Tun*. Wie die Jünger ausgesandt waren, nicht nur zu predigen, sondern auch um Zeichen zu wirken, in denen Heilung und Befreiung sichtbar wurde[11], so ist auch die Kirche da, Zeichen der Heilung und der Befreiung zu setzen: In der Taufe, in der wir — hineingenommen in Jesu Tod und Auferstehung[12] — hinter dem Herrn her die Mauer der Sünde durchbrechen; in der Buße, in welcher uns die Freiheit von der Sünde immer neu zugesagt wird; im Mahl der Eucharistie, in welchem

11 Vgl. die Aussendungsberichte, in denen immer auch der Auftrag zum Wirken von Zeichen greifbar wird, o. Anm. 6.
12 Vgl. Röm 6,3—11.

16

Jesus lebendig ist und uns nicht nur immer neu den Maßstab wirklicher Liebe vor Augen holt, sondern auch die
Kraft schenkt, solcher Liebe zu entsprechen.

Zur Begegnung mit Jesus, nicht nur in seinem Wort und
in seinem Tun, sondern auch *in unserer Gemeinschaft.*
Jesus selbst ist dabei, wo zwei oder drei in seinem Namen
beisammen sind.[13] Und so ist Begegnung mit Jesus überall dort, wo wir uns miteinander mühen, wo wir uns miteinander freuen oder — wenn es sein muß — miteinander
weinen, wo wir einander mitnehmen auf dem Weg, den
uns das Leben abverlangt.

Zur Begegnung mit Jesus. Das wäre die zweite Antwort
auf die Frage: Wozu eigentlich Kirche? Damit wir Jesus
begegnen und damit diese Begegnung konkret wird. Konkret im Wort der Verkündigung (die mehr ist als menschliches Gerede, nämlich Wort aus seinem Auftrag und aus
seiner Kraft), konkret in den Zeichen der Sakramente
(die mehr meinen als den Ausdruck menschlicher Sehnsucht, nämlich Tun Gottes), konkret in der gelebten Gemeinschaft (die mehr will als menschliches Zusammen-
sein, nämlich Sichtbarwerden seiner Kraft). Und das wäre
dann zugleich schon die dritte Antwort.

Zum Zeichen für die Welt

Zum Zeichen für die Welt. Dazu ist Kirche da, daß sie ein
Zeichen sei für die Welt. Begegnung mit Jesus meint
kein privates Vergnügen eines elitären Vereins, diese Begegnung ist Angebot Gottes für alle, konkretes Angebot
Gottes an die Welt vermittelt durch die Kirche. Dieses
Angebot wurde früher vielleicht selbstverständlicher begriffen, als man noch der Überzeugung sein konnte, das

13   Vgl. Mt 18,20.

Christentum wäre in einer großartigen Ausbreitung begriffen; als man noch überzeugter um den Auftrag wußte, hinauszugehen in alle Welt und die Botschaft von Jesus allen weiterzugeben.

Dies alles ist heute nicht mehr so selbstverständlich, da wir das Christentum zurückgehen sehen, da wir anzunehmen gelernt haben, daß man nicht unbedingt Christ sein muß, um im Heil zu sein (und das heißt ein geglücktes Leben zu führen, das Geltung besitzt bei Gott), und daß die Gnade Gottes auch außerhalb unserer Kirche zum Zuge kommt. Und trotzdem, es gilt auch heute noch, daß Kirche da sei zum Zeichen für die Welt.

Zum Zeichen für die Welt. Zum Zeichen dafür, daß es eben diesen konkreten Weg Gottes gibt, in dem — über alle anderen Möglichkeiten hinaus — Gott sich erfahren ließ in den Maßen eines Menschen; diesen Weg, in dem sich Gott in die menschliche Wirklichkeit auf eine Weise hineinbegibt, daß wir sagen können und sagen müssen: dieser Mensch ist Gott. So ist Gott, genau so: daß er Mensch werden kann und eigentlich Mensch werden muß, wenn unser Menschsein, wenn wirkliches Menschsein in dieser Welt gelingen will.

Zum Zeichen für die Welt. Zum Zeichen dafür — und da wird unsere ganze Verantwortung spürbar —, daß aus dieser Begegnung mit Gott in Jesus eine Kraft erwächst, welche Menschen wandelt; eine Kraft, welche Menschen befähigt, selbstlos zu leben, ein wenig so wie Er: zu leben aus dem Verzicht und der Hingabe, aus der Aufgabe der eigenen Wünsche und Vorstellungen, um so jenen Freiheitsraum zu erstellen, der wirklich Neues werden läßt, weil in ihm die Menschen aufeinander zugehen, statt gegeneinander zu stehen.

Zum Zeichen für die Welt. Zum Zeichen letztlich dafür, daß es in dieser Welt wirklich eine Liebe gibt, die nicht am Ende doch nur wieder sich selber sehen und festhalten

will; zum Zeichen somit der Hoffnung, daß das Miteinander möglich ist, daß somit wirklich Neues geboren werden kann, weil in diesem Miteinander jene konstruktive
Kraft lebt, die Zukunft als eine gute erwarten läßt.

Zum Zeichen für die Welt. Das ist die letzte und eigentlich befreiende Antwort auf die Frage: Wozu eigentlich
Kirche? Kirche hat nicht nur in Jesus begonnen, damit es
weitergeht; sie ist nicht nur gesetzt, damit Begegnung
möglich sei mit ihm in seinem Wort, in seinen Sakramenten und in seiner Gemeinde; Kirche ist auch — und man
ist heute versucht zu sagen: vor allem — dazu da, daß der
Welt in ihr ein Zeichen der Liebe gegeben sei, ein Zeichen
der aus der Liebe stammenden Freiheit und somit der
Hoffnung.
Und an diesem Punkt wird uns dann deutlich, wie sehr
dieses Eigentliche der Kirche zugedeckt und überlagert ist
durch das Zufällige und Äußerliche, durch das Halbe und
Lahme, durch das Undurchsichtige, durch das, was man
Sünde nennt. Wer aber diese Äußerlichkeiten wieder vorschnell entdecken will bei anderen, vor allem aber auch
bei seinem Pfarrer, bei Bischöfen und Papst, der sucht
ein Alibi, der kratzt schon wieder an der falschen Stelle,
der zeigt schon wieder mit dem Finger auf andere, statt
mit der Faust an die eigene Brust zu klopfen und das
zu tun, was von uns zu tun wäre: unser Leben zu prüfen
und zu ändern und so jenes Zeugnis zu geben, um des-
sentwillen die Kirche gerufen ist.

Hören wir am Ende unseres Nachdenkens Gottes Wort
selber, hören wir zunächst aus dem Evangelium des Mat-
thäus, wie von Jesus angestoßen wird, was Kirche werden
muß: »Damals rief Jesus seine zwölf Jünger zu sich und
gab ihnen die Macht, unreine Geister auszutreiben und
alle Krankheiten und Leiden zu heilen: Geht und verkündet: Das Himmelreich ist nahe. Heilt Kranke, weckt Tote

auf, macht Aussätzige rein, treibt Dämonen aus! Umsonst habt ihr empfangen, umsonst sollt ihr geben!« (Mt 10,1.7 f)

Und am Beginn der Apostelgeschichte wird die beginnende Gemeinde beschrieben: »Sie beharrten in der Lehre der Apostel und in der Gemeinschaft, im Brechen des Brotes und in den Gebeten. Alle wurden von Furcht ergriffen. Viele Wunder und Zeichen geschahen durch die Apostel. Und alle, die gläubig geworden waren, hielten zusammen und hatten alles gemeinsam. Sie verkauften Hab und Gut und teilten davon allen mit, jedem, wie er es nötig hatte. Tag für Tag verharrten sie einmütig im Tempel, brachen in den Häusern das Brot und aßen miteinander in Freude und Einfalt des Herzens. Sie lobten Gott und waren beim ganzen Volk beliebt. Und der Herr fügte täglich ihrem Kreis die hinzu, die gerettet werden sollten« (Apg 2,42 bis 47).

Viktor Hahn

Was wird aus dieser Kirche?

Kirche im Wandel
Offb 21,2—5; Jo 14,15—19.25—27[1]

Wenn wir in den Wochen der Fastenzeit über die Kirche nachdenken, dann wählen wir kein Thema unter vielen und schon gar nicht ein Thema, das uns die Verlegenheit diktiert, dann stehen wir vielmehr in der Mitte unseres Glaubens, dann tun wir wirklich das, was in diesen Wochen von uns verlangt ist, dann besinnen wir uns auf das in unserem Leben Wesentliche.

Denn von dieser Kirche sagten wir bereits (als Antwort auf die Frage: Wozu eigentlich Kirche?), daß sie da sei, damit es weitergeht; damit der in Jesus gegebene Aufbruch nicht versande, sondern in immer neue Begegnung führe mit ihm, und damit so ein Zeichen für die Welt gesetzt sei; ein Zeichen der Hoffnung und der Freiheit, weil

[1] Auch bei dieser Predigt sind die Texte der Schrift dem Thema entsprechend gewählt und als eigentlicher Impuls an den Schluß gesetzt.

aus dieser Begegnung mit Jesus jene Liebe erwächst, die nicht bei sich selber stehen bleibt, sondern das immer Neue und Notwendige ermöglicht.

Nun könnte man sagen: Eine so verstandene Kirche wäre ein Wunder, wo aber ist sie zu finden? Was wurde aus ihr im Laufe der Zeit? Was wird aus ihr heute, da sie in einem Wandel begriffen ist, der den einen viel zu langsam zu geschehen scheint, andere angstvoll fragen läßt. Was ist aus dieser Kirche geworden und was wird aus ihr?

Fragen, die den bewegen müssen, den das Bild von der Kirche gepackt hat, das wir eben in Erinnerung riefen; Fragen, die jenes Problem ansprechen, dem heute unser Nachdenken gelten soll, den Wandel in der Kirche; Fragen, auf die wir nicht vorschnell, sondern grundsätzlich antworten sollen (wie überhaupt die beiden Predigten am Anfang eine grundsätzliche Hilfe bieten wollen, einen Rahmen, in den hinein die Probleme der kommenden Sonntage gestellt werden sollen).

Das immer neue Volk Gottes

Was wurde aus dieser Kirche und was wird aus ihr? *Das immer neue Volk Gottes.* Das ist die erste Antwort, deren Sinn wir begreifen, wenn wir den Mut haben, ein wenig in die Geschichte dieser Kirche hineinzusehen.[2]

Als ein Teil des alten Gottesvolkes Israel lebt die junge Gemeinde am Anfang mitten unter dem jüdischen Volk;

2 Solche geschichtlichen Durchblicke sind selbstverständlich immer einseitig und deshalb fragwürdig; dennoch sollten solche Versuche durchaus auch in Predigten immer wieder gemacht werden. Gerade sie können das Verständnis der Probleme erleichtern und auch persönliche Sicherheit geben.

sie bezeugt Jesus als den Lebendigen und die von ihm herkommende Kraft der Liebe und Gemeinsamkeit.[3]

Erst als dies nicht mehr möglich ist, löst sich die Gemeinde von Israel, geht sie zu den Heiden[4] und beginnt einen Weg, der Triumphe kennt und Blut. Sie versucht, die Liebe zu bezeugen in den Katakomben wie in der Öffentlichkeit. Als sie nach den großen Verfolgungen diese Öffentlichkeit findet und der Zusammenbruch des Römerreiches wie auch die Völkerwanderungen Europa erschüttern, wird sie vor allem in ihren Bischöfen und im erstarkenden Mönchtum, letztlich aber aus der Kraft ihrer Botschaft zur Hüterin der Ordnung, des Lebens, der Menschlichkeit und damit der Kultur.

Von daher in die Gefahr gebracht, einfach ein Teil der neu entstehenden weltlichen Mächte zu werden, für die sie ein billiges Instrument der Ordnung wäre, formt sie sich selbst zum staatlichen Gebilde um, um (so paradox es zunächst klingen mag) als gleichberechtigter Partner ihre Freiheit zu wahren.

Immer wieder erliegt die groß gewordene Gemeinde dabei der Gefahr, die Verkündigung des Evangeliums mit Politik zu verwechseln; immer wieder erliegt sie der Gefahr, statt der Liebe die Macht zu dokumentieren und Gottes Wort mit dem Schwert zu predigen; immer wieder aber bricht sie auch in ihren Heiligen auf zu einem einfachen und neuen Leben mit Jesus, zu einem Weg hinter ihm her in Radikalität, Armut und unermüdlichem Dienst. Als durch die Reformation ihr Bewußtsein geschärft wird, daß Kirche vor allem Wirklichkeit des Glaubens und des Geistes ist, besinnt sie sich — verwundet und zersplittert — stärker ihres eigentlichen Auftrages, lernt sie schmerz-

3 Vgl. Apg 2,42—47.
4 Vgl. dazu vor allem die Tatsache, daß die Apostel immer zuerst den Juden predigen und das Heil anbieten, z. B. Apg 13,46f.; 19,8f.

haft, ihre äußere Macht abzubauen und wegzugeben. Aber auch hier bleibt ihr mancher Irrweg nicht erspart, wenn sie bisweilen versucht, sich aus der Welt zurückzuziehen, und in ihrem Denken und Reden eine Welt aufbaut, die von den anderen längst nicht mehr begriffen wird.

Nicht zuletzt angestoßen durch das Zweite Vatikanische Konzil entdeckt sie heute wieder neu ihre Verantwortung, dieser unserer Welt ein Zeichen zu sein[5], ihr deutlich zu machen, was glaubendes Menschsein ist, und wie es diese Welt prägen und verändern will.

Wundert es, wenn sie dabei Formen sucht, die dieser Welt mehr entsprechen und von absolutistischen und feudalen Ausprägungen zu mehr demokratischen Formen drängen, wie etwa in der Synode der deutschen Bistümer?

Was wurde aus dieser Kirche und was wird aus ihr? *Das immer neue Volk Gottes.* Das war die erste Antwort heute, und die meint einfach dieses: Die Kirche, die Gemeinde, die an Jesus glaubt und aus der Kraft seiner Gegenwart lebt, diese Gemeinde wird dies in immer neuer Verantwortung und damit in immer neuen Formen tun, um ihrer Zeit gerecht zu werden.

Dies lehrt uns jedenfalls der Blick in die Geschichte dieser Kirche. Immer wieder wird sie dabei in der Gefahr leben (und ihr auch immer wieder erliegen), die Form mit der Sache zu verwechseln, die Äußerlichkeiten wichtiger zu nehmen als ihren Auftrag, die Macht mehr zu schätzen als die Liebe; immer wieder aber wird in ihr auch diese Liebe durchbrechen, weil sie gehalten ist von der Gegenwart Jesu; immer wird sie so seine Gemeinde bleiben, das immer neue Volk Gottes, solange sie nur an ihn

---

5 Vgl. dazu besonders die Pastoralkonstitution »Gaudium et spes«, aber auch den ganzen Tenor des Konzils.

glaubt und seinen Auftrag erfüllt. Und damit sind wir dann bereits bei der zweiten Antwort, die heute zu geben ist.

Der immer neue Auftrag

Was wird aus dieser Kirche? *Der immer neue Auftrag*, ihr Dienst, in dem sie Bleibendes und Neues verbindet. Und dieses Bleibende wird genau das sein: Immer wieder *das Wort der Frohen Botschaft sagen*, immer wieder verkünden; daß Gott ist; daß Gott die Liebe ist; daß Gott so sehr liebt, daß er Mensch wird, um uns eine Möglichkeit zu zeigen, wirklich Mensch zu werden: lieben wie er, sterben wie er, um bleibend zu leben wie er.

Immer wieder dieses Wort sagen und — in den Sakramenten — *die Zeichen der Befreiung setzen;* in Taufe, Eucharistie und Buße immer neue Erfahrung vermitteln, daß Gott befreit, befreit von der Bindung an uns selber, befreit aus den Halbheiten der Sünde zur Fruchtbarkeit der Liebe. Immer wieder dieses Wort sagen, die Zeichen setzen und *in Gemeinschaft leben;* in einer Gemeinschaft, in der wirkliche Liebe sichtbar wird, weil in ihr Menschen miteinander reden, miteinander leben und miteinander teilen; in einer Gemeinschaft, in der die Heiligen die Impulse setzen, in der die Theologen denken, und in der die verantwortlichen Hirten das geltende Maß bestimmen.[6]

Diesem Bleibenden verbindet sich die immer neue Form. Und auch diese neue Form wird bestimmt durch das bereits Gesagte: Immer neu wird die alte Botschaft *ihr Wort*

6 Zum Zusammenwirken der verschiedenen Funktionen innerhalb der einen Kirche vgl. V. HAHN, Unfehlbarkeit der Kirche. Orientierung und Glaubenshilfe, in: Theologie der Gegenwart 14 (1971) 189—97, bes. 196f.

suchen müssen, damit es auch verstanden wird. Sie wird vielleicht lernen müssen, mehr von Befreiung zu reden, wo Erlösung nicht mehr begriffen wird, wenn nur das gleiche gemeint ist; von geheimnisvoller Gegenwart Jesu, wenn Wandlung mißverstanden wird, wenn nur das gleiche gemeint ist; sie wird lernen müssen, das verbindliche Gebot der christlichen Liebe in die konkreten Formen der Zeit zu bringen, in der es in unserer Umgebung vielleicht weniger Bettler, aber mehr Einsame gibt.

Immer neu wird die Gemeinde *ihre Zeichen prägen,* damit sie verstanden werden; nicht neu im Gehalt, wohl neu in ihrer Form, die von der unverständlichen Zauberformel zum begreifbaren Mitvollzug finden muß, wie es weitgehend bei der Feier der Messe längst gelungen ist; immer neu wird die Gemeinde auch die Zeichen der Taufe, der Buße und der Krankensalbung (um nur diese zu nennen) so vollziehen müssen, daß sie wirklicher Ausdruck dessen sind, was in ihnen geschieht: Begegnung mit Jesus, der aus der Einsamkeit, der Ausweglosigkeit und der Sünde herausführt und befreit.

Immer neu wird die Gemeinde auch *ihre Gemeinsamkeit ausdrücken,* damit verstanden wird, was sie ist; Gemeinde Christi, in der alle aus der Liebe Jesu leben; in der nicht einfach einige befehlen und die anderen gehorchen, in der vielmehr Mitverantwortung gelebt wird, weil alle dem Herrn und seinem Gebot unterworfen sind.

Neue Formen des gemeinsamen Auftrages werden das allen zustehende Recht und die von allen verlangte Pflicht deutlich machen müssen, wenn sie nur nicht auf billige, unverständige und unsachliche Gleichmacherei hinauslaufen, sondern auf eine Verteilung der Verantwortung in einer Gemeinde, in der eben nicht alle alles machen; in der zu Verkündigung und Zeichenwirken nicht Lust und Laune genügen, sondern Befähigung und Auftrag gehören; in der bestimmte Funktionen der Ordnung, der Leitung und Impulse denen überantwortet bleiben, die dazu autorisiert sind; in der Papst und Bischof noch lange nicht alles sind, aber auch nicht alle Papst und Bischof sein können.

Was wird aus dieser Kirche? *Der immer neue Auftrag,* das wird aus ihr. Der immer neue Auftrag, durch den die alte Botschaft und die alten Zeichen hineingetragen werden in eine neue Zeit von einer Gemeinde, die selbst eine alte Gemeinde ist in immer neuen Formen der Gemeinschaft.

Gerade hier aber ist der Ort erreicht, wo wieder unser banges Fragen aufbrechen will: Wie will dies der Kirche gelingen? Ist sie nicht längst dabei, auf der Suche nach dem Neuen ihre Herkunft zu vergessen? Ist es nicht längst so, daß in ihr gemacht wird, was der einzelne will? Befinden in ihr nicht längst Menschen darüber, was Gott gemeint, gesagt und getan haben kann? Triumphiert in ihr nicht längst das Brauchbare und Angenehme über das Richtige? Damit hier weder falsche Hoffnung entsteht, noch falsche Angst, dürfen wir eine dritte Antwort nicht vergessen:

Der lebendige Herr

Was wird aus dieser Kirche? Das, wohin *der lebendige Herr* sie führt. Denn das muß immer bedacht bleiben: Kirche ist letztlich nicht die Sache menschlicher Überlegung und Planung allein, sie ist im tiefsten eine Wirklichkeit von Gottes Gnaden; geschenkt, nicht erworben; erlebt, nicht erdacht. Sie lebt aus der Gegenwart Jesu, in ihr und mit ihr lebt der Herr. Und dieser lebendige Herr ist ihr zugleich Maßstab und Ziel.

Jesus ist das gesetzte *Maß,* das darf nie vergessen werden. Und so wird sich die Kirche auf ihrem Weg durch die Zeit zu richten haben nach dem, was er werden ließ: Sie wird die Offenbarung, das heißt die mit Jesus gemachte Erfahrung weiterzugeben haben; sie wird die Zeichen, die Jesus setzte und werden ließ, weiter setzen, wird taufen, die Eucharistie feiern, Sünden vergeben, Priester weihen und Ehen segnen, ob dies uns bequem ist oder nicht; sie wird in Ordnungen und mit Diensten leben, ob das gefällt oder nicht. Denn Jesus ist das gesetzte Maß.

Aber Jesus ist auch das *Ziel,* auf das hin Kirche unterwegs ist, denn das ist der Kern ihrer Botschaft: Jesus ist nicht tot, er lebt und er wird kommen. Jesus lebt, und weil er lebt, kann die Gemeinde immer neue Erfahrung mit ihm machen, wenn sie nur mit ihm lebt und nicht an ihm vorbei, wenn sie nur auf seinen Geist eingeht und nicht auf menschliche Vorstellung fixiert bleibt.[7]

Das ist das Stichwort: *Leben.* Denn leben meint: aus einer Wurzel kommen und in die Fruchtbarkeit finden. Wer die Wurzel abschneidet, wer nicht aus ihr lebt, stirbt; wer die Frucht verhindert, stirbt. Wir haben keinen anderen Grund, und wir haben keine andere Möglichkeit als den lebendigen Herrn, aus dem wir kommen und auf den wir zugehen. Wer eines vergißt, vergißt den Herrn. Wer aus falscher Begeisterung die schnelle Blüte sucht und die Wurzel vergißt, vergißt den Herrn und stirbt; wer aus falscher Angst die Entwicklung vergißt, vergißt den Herrn und hat nicht das Leben.

Was wird aus dieser Kirche? Das, wohin *der lebendige Herr* sie führt, der als der lebendige zugleich Wurzel ist und Frucht, gesetztes Maß und erstrebtes Ziel. — Wir haben also keinen Grund zu banger Frage, wohin diese Kirche geht, denn der Herr lebt, der Herr ist dabei und Jesu Geist ist mit uns, wenn wir nur mitmachen.

7 Vgl. dazu J. RATZINGER, Das Problem der Dogmengeschichte in der Sicht der katholischen Theologie, Köln — Opladen 1966, wo diese Polarität von Herkunft und Zukunft als in Jesus selbst grundgelegt festgestellt wird.

Und hier wird es dann allerdings ernst. Denn mitmachen, das heißt immer wieder dieses eine: nicht recht haben, sondern recht geben wollen; nicht sich selber suchen, sondern auf den anderen zugehen; nicht besitzen wollen, sondern verschenken; nicht festhalten, sondern hergeben, angefangen bei der Zeit, über das Geld bis hin zum eigenen Leben. Wo so gelebt wird, wird Kirche in ihrem Wandel, wird Kirche auf ihrem Weg durch die Zeit und bei aller Suche nach neuen Formen nicht in die Irre gehen, auch wenn ihr mancher Umweg nicht erspart bleiben wird; denn wo so gelebt wird, da ist er dabei, weil dieses sein Leben ist.

Wo man allerdings diktiert, wo man einander mißtraut, verdächtigt, wo die Rechthaberei herrscht und die Dickköpfigkeit, da geht die Kirche in die Irre, da ist der Herr nicht, einerlei ob solches von oben oder unten geschieht, von rechts oder links, falls man dieses Koordinatensystem hier einmal anwenden will.

Das wäre unsere Antwort heute. Was wird aus dieser Kirche? Das immer neue Volk Gottes in einer konkreten Zeit, das den immer neuen Auftrag wahrnimmt, weil es sich nicht selber sucht, sondern den, der als der lebendige Herr in ihm wirkt, weil in ihm der Herr erfahren wird von denen, die ihn suchen und lieben.

Damit auch heute wieder Gottes Wort selbst zur Sprache kommt, hören wir zunächst eine kurze Lesung aus dem letzten Buch der Heiligen Schrift, wo im Bild des himmlischen Jerusalem das Ziel beschrieben wird, auf das hin die Kirche unterwegs ist: »Ich sah die Heilige Stadt, das neue Jerusalem, von Gott her aus dem Himmel herabkommen; sie war bereit wie eine Braut, die sich für ihren Mann geschmückt hat. Da hörte ich eine laute Stimme vom Thron her rufen: Seht das Zelt Gottes unter den Menschen. Er wird in ihrer Mitte wohnen, und sie werden sein Volk sein; und Gott selbst wird mit ihnen sein. Er wird jede Träne aus ihren Augen wischen; der Tod wird nicht mehr sein, nicht Trauer noch Klage noch Mühsal. Denn die alte Welt ist vergangen. Er, der auf dem Throne saß, sprach: Neu mache ich alles« (Offb 21,2—5).

Und um uns zu erinnern, aus welcher Kraft der Weg dahin gegangen wird, hören wir aus den Abschiedsworten Jesu an seine Freunde, wie sie im Evangelium des Johannes aufgeschrieben sind: »Wenn ihr mich liebt, werdet ihr meine Gebote bewahren. Ich werde den Vater bitten, und er wird euch einen anderen Beistand geben, damit er immer bei euch bleibt. Es ist der Geist der Wahrheit, den die Welt nicht empfangen kann, weil sie ihn nicht sieht und nicht kennt. Ihr kennt ihn, weil er bei euch bleibt und in euch sein wird. Ich werde euch nicht verwaist zurücklassen, sondern ich komme zu euch. Nur noch kurze Zeit vergeht, und die Welt sieht mich nicht mehr; aber ihr seht mich, weil ich lebe und weil auch ihr leben werdet. ... Das habe ich zu euch gesprochen, während ich noch bei euch bin. Der Beistand aber, der Heilige Geist, den der Vater in meinem Namen senden wird, er wird euch alles lehren und euch an alles erinnern, was ich euch gesagt habe. Frieden hinterlasse ich euch, meinen Frieden gebe ich euch« (Jo 14,15—19.25—27).

Peter Lippert   # Warum Papst, Bischof und Priester?

Die Kirche und ihr Amt
Lesungen: vom 3. Fastensonntag, Jahr B

An den letzten beiden Sonntagen sind bereits Predigten
gehalten worden zu unserem Gesamtthema: »Kann ich
diese Kirche lieben?« Es ist darin der Grund gelegt worden für das Verstehen dessen, was Kirche ist. Es ist gesagt worden, daß die Kirche die logische Fortsetzung der
Wirksamkeit Jesu ist, weil Jesus die Nähe Gottes gepre-
digt hat, weil er Kranke geheilt und den Menschen ihre
Sünden vergeben hat, weil er in seiner Auferstehung den
Tod überwunden hat. Es wurde gesagt, die Kirche sei eine
Gruppe von Menschen, die den Auftrag hat, dafür zu sorgen, daß all dies lebendig bleibt unter den Menschen —
durch die Jahrhunderte hin. Es wurde gesagt, die Kirche
sei eben darum ein Zeichen der Hoffnung dafür, daß es
möglich ist, auf dieser Erde sinnvoll als Menschen zu leben, und daß Gott nahe bleibe.
Wer also bereit ist, sich mit dem christlichen Glauben und
dem Neuen Testament in diese Sicht hineinzubegeben, der

ist nun eingeladen, heute weiter darüber nachzudenken, was es denn mit dem Amt und der Autorität in der Kirche auf sich hat. Das ist ein großes Thema. Wir werden uns bemühen zu straffen und müssen doch bestimmte Grundlinien deutlich machen, wenn es überhaupt etwas einbringen soll. Die Frage lautet: Warum brauchen wir Pfarrer, Bischöfe, den Papst? Warum gibt es das, was man Hierarchie nennt, Ämter, Vollmachten, Autorität in der Kirche?

Grundsätze

1. Knüpfen wir bei dem an, was an den beiden vergangenen Sonntagen gesagt wurde, dann ist klar, daß es bei unserem Thema zuerst und zunächst um die Kirche als Ganzes geht. Das heißt also, alle gehören dazu, alle, die an Christus glauben und sich in dieser sichtbaren Gemeinschaft unserer katholischen Kirche zusammenfinden und sich zweitausend Jahre lang zusammengefunden haben. Das ist aber das erste, worum es geht — die Kirche als Ganzes.

Damit ist aber sofort ein weiteres gegeben: wo immer Amt, Anordnung, Autorität in dieser Kirche ist, da ist dies alles für die Gemeinde da, anders ausgedrückt, damit die Kirche das werden und sein kann, was sie sein soll. Nicht die Gemeinde ist also für das Amt da, sondern das Amt für die Gemeinde: nicht die Pfarrei ist für den Pfarrer und die Weltkirche für den Papst da, sondern der Pfarrer für seine Pfarrei und der Papst für die ganze Kirche. Sofort ist ein Drittes zu sagen: dieses Ganze lebt und muß leben als Gemeinschaft des Glaubens und der Verbundenheit, nicht eigentlich und zuerst durch das Amt, sondern aus der Kraft des Heiligen Geistes.

2. Dieser Geist rechnet aber offenbar damit, daß jeder zu diesem Leben in der Glaubensgemeinde beiträgt. Denn

der Apostel Paulus sagt, daß der Geist Gottes jedem einzelnen eine bestimmte Gabe gibt, womit er zum Ganzen beitragen soll. Viele Gaben des Geistes, ein Herr; eine Gemeinde, und jeder empfängt seine Möglichkeiten vom Geist für das Ganze, für die andern, nicht einfach für sich selbst. Nach dem Neuen Testament können wir das Amt in der Kirche nicht richtig verstehen, bevor wir dies nicht ganz deutlich unterstrichen haben: die Gemeinde und ihr Glaube lebt von den Beiträgen der vielen einzelnen Christen, weil diese nach Überzeugung des Neuen Testaments die Art und Weise sind, wie Gottes Geist in der Kirche wirken will.

3. In einem nächsten Schritt muß nun gesagt werden: es gibt einige Gaben in dieser Gemeinde, die ihre bestimmte Eigenart haben; es gibt eine Reihe von Gaben, Initiativen, Anregungen, Begabungen und Mitwirkungen in der Gemeinde, die sehr spontan und ungeplant auftreten. Man kann und soll sie nicht irgendwo einplanen wollen: sie brechen einfach auf und sind da und bringen Leben. Aber es gibt andere solche Geistgaben, die stabil sind, die ausdrücklich übertragen werden in einer Beauftragung und Weihe. Denn nur von Spontaneität allein könnte keine Gemeinde sein. Also braucht es diese stabilen Dienste, und sie nennen wir das kirchliche Amt.

4. Der Sinn des Amtes ist es nun, die vielen einzelnen Beiträge dort, wo sie sind, miteinander zu verbinden, zu koordinieren, Einheit unter diesen Geistgaben zu stiften und so zu bewirken, daß das Ganze wirklich Gemeinde von Christen sei und nicht ein Schauplatz, wo jeder mit dem andern streitet, wo jeder sich vordrängt und nur seinen eigenen Anliegen nachgeht.
Das Amt hat also die Aufgabe der Leitung, darum auch ganz konsequent die Aufgabe der Leitung des Gottesdienstes der Gemeinde. Der Träger des Amtes soll dafür

sorgen, daß der Glaube dieser Gemeinde in dem frucht-
baren Miteinander der vielen Ansichten und Meinungen
nicht verwässert und daß er nicht in die Irre geht. Das
also ist der Sinn des Amtes als Leitung im weitesten Sinn.
Dieses Amt aber ist nicht nur auf die Gemeinde als ganze bezogen, sondern auf typische Formen des Gemeinde-
lebens, von denen noch die Rede sein wird: die Räte, die
Vereine, die freien Gruppen und die Orden.

Wirklichkeit

1. Nun aber, nachdem das Grundlegende von der Bibel
und der kirchlichen Lehre her gesagt ist, wird die Frage
nach der Praxis gestellt werden müssen. Denn irgendwo
muß ja das, was wir biblisch behaupten, praktisch erfahr-
bar sein — sonst drängte sich der Verdacht auf, unsere
Grundsätze seien doch unbrauchbar, lebensfremd, darum
eigentlich falsch. Aber der Brückenschlag in die Praxis
hinein ist nicht leicht, weil ganz bestimmte Umstände in
unserer Zeit die Beziehung der Gläubigen zu den Trägern
des Amtes heute problematisch erscheinen lassen, wo früher Selbstverständlichkeiten waren.

2. Die Träger des Amtes haben es heute nicht leicht. Sie
werden mit sehr großer Aufmerksamkeit beobachtet (das
wäre nicht schlimm); sie werden mit Kritik bedacht (auch
das wäre nicht schlimm); sie werden vielfach mit Mißtrauen und Mißgunst beobachtet; jeder Fehler eines kirchlichen Amtsträgers, sei er Pfarrer, Bischof, Papst, landet
totsicher in der Öffentlichkeit, und sofort erheben sich die
Stimmen, die verkünden, da sehe man es ja wieder einmal, so eben sei die Kirche.

3. Fragen wir uns nach den Ursachen. Zunächst einmal ist
jede Art von Autoritätsausübung heutzutage wenig popu-

lär. An der antiautoritären Welle, in der wir stehen, mag manches Gute sein. Sie mag ihre Gründe haben. Aber es gibt der Verzerrungen und Einseitigkeiten nicht wenige. Wohl jeder, der irgendwo heute ein Amt hat, bekommt das zu spüren.

Dazu kommt ein Zweites: die Kirche als solche steht ja in den Äußerungen der Massenmedien, in bestimmten Resolutionen politischer Parteien und Gruppen der Gesellschaft nicht gerade in sehr freundlicher Beurteilung. Die Stimmen häufen sich, und sie werden immer schärfer, die diese Kirche am liebsten in einen Winkel stellen würden, wo sie unscheinbar und unbeobachtet bleibt, oder die sie am liebsten ganz verschwinden sähen. Also bläst jetzt den Vertretern der Autorität in der Kirche gleichsam ein doppelt starker Wind ins Gesicht; das Mißtrauen gegen jede Art von Amt und das Mißtrauen gegen die Kirche verbinden sich.

Schließlich und drittens haben nun aber alle entdeckt und wissen es allmählich, daß viele Fehler gemacht worden sind und durch kirchliche Verantwortliche noch immer begangen werden. Das alles kann es nur erschweren, in der rauhen Wirklichkeit kirchlichen Alltags das wiederzuerkennen, was wir theoretisch und theologisch über Amt und Gemeinde gesagt haben. Wie und wo soll sich denn nun konkretisieren, was da im ersten Teil unserer Überlegung gesagt wurde?

Anforderung

Damit das Amt als Hilfe und tragendes Element in der Kirche erfahren werden kann, braucht es einige Sichten und Haltungen. Denn ob es mit dem Amt in der Kirche »klappt« oder nicht, hängt von allen Beteiligten ab. Man kann, wie die Schrift sagt, den Geist auch auslöschen.

1. Sagen wir zunächst, welche Haltungen wir *nicht* brauchen, weil sie hinderlich sind und nichts nützen. Wir brauchen nicht: einen Gehorsam, der nicht nachdenkt, einen Gehorsam, der nichts zu sagen weiß als »jawohl«, der sich auf Befehle zurückzieht und dabei der eigenen Verantwortung entrinnt. Gehorsam in dieser Form wird wohl von sehr vielen Menschen nicht mehr akzeptiert, von den Jüngeren schon gar nicht, aber auch von vielen Älteren nicht. Darüber hinaus: ein solcher Gehorsam würde gar nicht das erbringen, was er eigentlich bringen soll. Wer heute ein Amt hat, braucht mehr als nur das »Befehl ist Befehl« der Untergebenen; er braucht die Anregungen, das Mitdenken und das Interesse, er braucht die Phantasie und die Initiative derer, für die er sein Amt ausübt, einfach deshalb, weil die Lebensverhältnisse so kompliziert geworden sind, daß ein Pfarrer in seiner Pfarrei und der Bischof in seiner Diözese und der Papst in der Gesamtkirche allein die Lage gar nicht richtig überschauen können. Es wäre also sogar ein schlechter Gehorsam, wenn man nur sagen würde: wir tun, was angeordnet ist.

Wir brauchen auch nicht Gruppen, die sich zusammenschließen und sagen, sie seien die Letzten der Getreuen in der Kirche. Diese Gruppen gibt es, und sie sind stolz darauf, daß sie die genaue Art und Weise herausgefunden haben, wie man heute ein Christ in der Kirche ist. Aber auch so etwas hilft und nützt nicht viel. Auf der anderen Seite hilft aber auch die ständige Nörgelei nicht, der mancherorts gehuldigt wird. Es gibt Menschen, die sich in eine Haltung hineinsteigern, in der man nur noch das Schlechte und das Versagen an der Kirche sieht. Das hat zur Folge, daß man sich selbst jeder inneren Beziehung zur Kirche beraubt; der eigene Schwung wird gelähmt, man ist dann noch nicht einmal imstande, dort, wo es möglich wäre, zu einer Besserung beizutragen.

2. Was wir sehr wohl brauchen, ist eine richtige Einschätzung des kirchlichen Amtes und seiner Träger, einen richtigen Umgang mit denen, die Autorität ausüben, und die rechte Art und Weise der Zusammenarbeit mit ihnen.

a) Sagen wir von dem vielen, das es hier zu sagen gäbe, einiges zur Gemeinde am Ort, zur Pfarrei. Niemand ist gehalten zu meinen, daß der Pfarrer ein kleiner Herrgott sein sollte und alle in der Gemeinde nur auf einen leisen Wink zu warten brauchten, um sich in Dienstbereitschaft zu überstürzen. Aber wir sollten es alle wissen, daß eine Gemeinde wohl kaum Gemeinde sein könnte, wenn es nicht diesen amtlich Beauftragten gäbe, der die Funktion der Einheit wahrnimmt und natürlich auch in bestimmten Punkten das Sagen haben muß, damit nicht alles durcheinander geht. Man sollte überdies froh sein, daß es noch Pfarrer gibt, denn es ist durchaus denkbar, daß eine Zeit auf uns zukommt, und dies in nicht allzu großer Ferne, da viele Gemeinden sich sehr mühsam ohne einen Priester werden behelfen müssen, weil deren Zahl immer kleiner wird. Dieser Hinweis mag zwar jetzt vielleicht wie eine kleine Erpressung klingen, aber er soll lediglich dazu beitragen, daß es uns allen in diesem Punkt nicht so ergeht wie oft im Leben, daß man nämlich erst dann die Dinge zu schätzen beginnt, wenn sie nicht mehr erreichbar sind. Es geht um eine nüchtern-bejahende Einschätzung des Amtes. Das ermöglicht dann auch die richtige Form des Umgangs miteinander — noch haben da ja Priester und Laien vielfach zu lernen. Es geht gar nicht um einen »Hochwürden«-Stil, das ist ebensowenig entscheidend wie eine krampfhafte Gleichmacherei, die meint, die Probleme heutigen Christseins schon gelöst zu haben, wenn man den Pfarrer statt mit seinem Titel mit »Herr Meier« und den Kaplan mit »Herr Schulze« anredet.
Worum es geht, ist die Einsicht, daß wir Christen in einer Gemeinde wirklich zusammengehören; daß zwar unter-

schiedliche Aufgaben, Beiträge und Vollmachten da sind, es aber unendlich wichtiger ist, daß man zusammen geht, zusammen unterwegs ist und sich auch gemeinsam herumschlägt mit den Problemen des Christseins.

Augustinus, der Bischof und große Heilige an der Wende vom vierten zum fünften Jahrhundert, hat jenes Wort gesprochen, das auch heute noch wichtig ist: »Für euch bin ich Bischof, mit euch bin ich Christ.«

Daraus ergibt sich dann auch der richtige Stil der Zusammenarbeit, ein Stil, in dem auch die Kritik ihren wichtigen Platz hat. Denn solche Kritik schulden wir einander in der Kirche der gegenwärtigen Stunde, Priester und Laien, Amtsträger und Gemeinden. Eine Kritik, die sich nicht mit Meckern verwechselt, die unerschrocken hinweist auf Mängel und Übelstände, die aber auch das Gute zu sehen vermag, die lernt, einen Sachverhalt zu beurteilen, und die darüber den lebendigen Menschen nicht vergißt und — die sich am Ende selbst in ihren Grenzen erkennt und annimmt.

Aber nicht nur um sie geht es, es geht auch um das tätige Anpacken. Eine Gemeinde ist nun einmal so lebendig wie ihre Glieder lebendig sind. Nicht jeder soll das Gleiche, aber jeder soll das Seine tun.

b) Ähnliches wiederholt sich auf der Ebene des Bistums, wenn es dort auch im allgemeinen unanschaulicher und abstrakter zugeht. Lassen wir es hier bei diesem Hinweis. Sagen wir aber noch etwas zu Amt und Person des Papstes, weil hier einfach zu viele Mißverständnisse im Raum stehen und weil sie durch die Medien immer neu gepflegt und vertieft werden.

Das *Amt* des Papstes ist es, auf ganz besondere Weise die Einheit in dieser Kirche herzustellen und zu garantieren. Natürlich wissen wir, daß dies — im Hinblick auf die Ökumene — nicht von heute auf morgen geht, aber es geht hier zunächst um die recht begriffene, am Evangelium und am Glauben orientierte Einheit in unserer katholischen Kirche, die sich einmal (wann, wissen wir nicht) zu umfassender Einheit wandeln soll. Aber die Tatsache, daß wir katholische Christen einen solchen Mittelpunkt haben, ist vielleicht doch sehr wichtig, sehr segensreich und zudem etwas, um das uns manche Christen anderer Kirchen wohl auch beneiden könnten.

Natürlich weiß jeder, der sich in der Kirche auskennt, daß dies auch Nachteile hat; er weiß, daß es in Rom Zentralbehörden gibt, die nicht immer nur glückliche Entscheidungen treffen; daß auch Mißgriffe darunter sind, das kann man, ohne rot zu werden, schlicht und einfach feststellen. Aber die Vorteile davon, daß es das Amt des Papstes gibt, mit dem zusammen und um den sich die Bischöfe und die Ortskirchen von Köln, von Trier, von Montevideo und von New York und überallher versammeln, damit die 650 Millionen Katholiken wirklich die eine katholische Kirche seien, diese Vorteile sind unübersehbar, ganz abgesehen von Setzung und Stiftungsabsicht des Petrusamtes durch Jesus. Nein, wir sollten uns das nicht schlechtmachen lassen und es aufgrund einer gewissen Dauerpropaganda nur in einem schiefen Licht sehen.

Das Zweite aber, von dem zu reden wäre, ist die *Person* des jetzigen Papstes. Genau darum, weil dieser Papst geradezu der Anziehungspunkt von Spott und Kritik ist. Johannes XXIII., der — so dürfen wir vielleicht vermuten — ein Heiliger war, erfreute sich größter Beliebtheit. Auch er hat in seiner Amtszeit eindeutig Fehler gemacht, nur — ihm gegenüber war man großzügig und wohlwollend. Bei Paul VI. sieht es manchmal so aus, als ob es ganz gleich ist, was dieser Mann tut, es ist in den Augen einiger Leute immer falsch. Gewiß, da sind Probleme; da sind Dinge, die man mit einem Satz gar nicht klären kann, die aber genannt sein müssen, etwa die Enzyklika »Humanae vitae«. Man kann der Meinung sein, diese Enzyklika habe mehr Probleme geschaffen als gelöst. Wir müssen auch deutlich sehen, daß hier Zugänge zur Bejahung des Petrusamtes behindert worden sind, ohne daß nun all das mit einem Satz freigelegt werden könnte. Aber man sollte dann doch auch dies nicht vergessen: der Papst hat eine freie und sehr freimütige, öffentliche Diskussion in der Kirche über diese seine Enzyklika nicht unterbunden. Man sollte auch an das denken, was er sonst alles während seiner Amtszeit geleistet hat, von der Durchführung des Konzils, über die Bemühungen um den Weltfrieden bis hin zu dem endlosen und zermürbenden Bestreben, die Einheit dieser Kirche unter den sich streitenden und beschimpfenden Katholiken aufrecht zu erhalten. Menschen, die den Papst persönlich kennen, wissen, daß er sich in seinem Amt bis zum Letzten engagiert und auch bis zum Letzten belastet ist mit der Schwere dieses päpstlichen Amtes.

Das alles muß man sehen und der saloppen Arroganz gegenüberstellen, die manchmal (durchaus nicht immer!) aus den Kritikern des Papstes zu sprechen scheint. Vielleicht wird die spätere Generation, oder auch wir selbst werden in ein paar Jahren schon ganz anders über diesen Mann urteilen als unsere heutige Presse, die den Ton angibt.

Rechte Einschätzung des päpstlichen Amtes, dann ergibt sich alles andere auch hier im Grunde von selbst. Denn die rechte Art der Mitarbeit in der Gesamtkirche liegt nun genau in dem, was am Anfang für die Gemeinde am Ort gesagt wurde: sie erfolgt ganz konkret, hier und jetzt. Wenn es viele kleine Gemeinden, Vereine und Gruppen gibt, die lebendig sind, dann wird auch die Gesamtkirche lebendig sein.

Auf diese Weise könnte man über das kirchliche Amt heute denken und so könnte man sein Handeln orientieren. Dann werden wir Katholiken keine unfreien, duckmäuserischen Menschen sein, wie man uns das manchmal andichtet. Wir brauchen dann nicht verlegen zu sein, wenn man uns sagt, wir in der katholischen Kirche hätten ja die Hierarchie, den Papst und die Bischöfe, und wir hätten uns dafür gefälligst zu schämen. Wir brauchen uns noch lange nicht zu schämen, wir werden wissen, woran wir sind, und wie sich Freiheit und Bindung, Respekt und freie Rede, Kritik und Engagement verbinden. Wir werden dann wissen und erfahren haben, wie sich das Amt ins Ganze der Kirche fügt, damit diese ganze Kirche das sei, was ihre Sendung ist: Versammlung der Glaubenden und Präsenz Jesu in der Welt.

Peter Lippert

Weshalb der große Apparat?

Kirche und Institution
Lesung und Evangelium: 4. Fastensonntag, Jahr B
Eph 2,4—10; Jo 3,14—21

Die Frage

Sowohl in der Lesung, die wir soeben gehört haben, als auch im heutigen Evangelium wird der eigentliche Kern unseres Glaubens angesprochen — eine Botschaft, die für denjenigen, der glaubt, ebenso wichtig wie eigentlich schlicht und einfach ist. Diese Botschaft nämlich ist im Grunde doch einfach dies: die Überzeugung, daß Gott da ist, daß er seine Geschöpfe liebt, obwohl wir Sünder sind und fehlen; daß dieser Gott sich in Jesus von Nazareth damals gezeigt hat und uns in ihm endgültig nahegekommen ist; daß er uns eine Verheißung gegeben hat, nämlich Vergebung der Schuld und Überwindung des Todes — dies ist in ihrem schlichten Kern die Botschaft des christlichen Glaubens.

Nun könnte man fragen, warum denn eine so einfache Botschaft eine so komplizierte Kirche braucht; denn die Kirche ist nicht schlicht und übersichtlich, sie ist kompliziert. Da gibt es allerlei Strukturen, Organisationen, Büros, Behörden, da gibt es die verschiedensten Kompetenzen, Abgrenzungen und Dienststellen, und man könnte fragen: Muß das denn sein?

So meinte ein junger Mann in einem Gesprächskreis: »Glauben Sie denn nicht, daß sich gute Ideen von selbst durchsetzen? Ist nicht vielleicht diese komplizierte Kirche im Grunde schon ein Zeichen des Zweifels oder des Mißtrauens, daß sich das Evangelium von selbst durchsetzt?« Ist es denn wirklich so, daß sich gute Ideen immer so ganz von selber durchsetzen, ausbreiten und bei den Menschen Eingang finden? Ich glaube, wenn man da ein wenig nachdenkt, wird man doch zu dem Ergebnis kommen, daß es gut ist, wenn eine gute Idee eine Basis und eine Organisation und eine Struktur hat, die sie unterstützt und auf deren Grund sich diese Idee unter den Menschen ausbreiten kann.

Dann kommt aber gleich etwas hinzu, das an dieser Stelle zu bedenken ist. Das Christentum ist nicht nur eine Idee. Christen sind nicht Anhänger einer Ideologie oder eines bestimmten Denksystems. Christus hat nicht gesagt, die Seinen sollten jeden Tag das Glaubensbekenntnis aufsagen und in ihrem Gehirn festhalten, sondern er sagte ihnen: »Liebet einander, wie ich euch geliebt habe« und: »Tut dies zu meinem Gedächtnis.« Und damit ist die helfende Gemeinsamkeit und Brüderlichkeit gemeint und das gemeinsame Mahl mit Brot und Wein, die zu seinem Leib und zu seinem Blut werden. Christsein heißt also: Gemeinschaft miteinander haben im Glauben. Von daher müssen wir sagen, daß sich die Frage nach Formen und Strukturen solcher Gemeinsamkeit nicht beantworten läßt mit einem Verweis auf die Durchsetzungskraft von Ideen.

Also muß es auch Formen dieses Miteinander geben. Wir sprachen bereits in diesem Zusammenhang über das geistliche und kirchliche Amt. Dabei sagten wir, dies sei nicht die einzige Form, wie das christliche Leben in den Gemeinden geleitet und gestützt werden soll. Wir haben darauf verwiesen, daß der eine Geist Gottes in den vielen einzelnen Christen wirkt — hier müssen wir den Einstieg suchen, um zu verstehen, was christliche Gemeinde ist. Wirkung des Geistes in den vielen einzelnen heißt dann auch, viele Formen des Miteinander im Glauben in einer Pfarrei am Ort und — in vielerlei Weise — im Bistum und in der Weltkirche. Solche typischen Formen des Miteinander sind etwa heute in unserer Kirche: die Räte, die Vereine, die freien Gruppen, die Orden.

1. Räte — seit einigen Jahren gibt es sie auf allen Ebenen, im Bistum den Seelsorgerat und den Priesterrat. Viel wichtiger sind freilich für die meisten Katholiken die Räte am Ort: der Pfarrgemeinderat in jeder Pfarrei. Freilich, auch sie gibt es erst seit ein paar Jahren. Aber trotz einiger Schwierigkeiten in der Anlaufzeit sind diese Räte sicherlich ein Durchbruch. Hier wird nun deutlich, mehr, als es in zehn und hundert Predigten gesagt werden könnte, daß *alle* zur Gemeinde gehören, daß alle ihre Vertreter wählen, die mitberaten sollen. Es können nicht alle in gleicher Weise alles zu sagen haben, aber sie sind dabei, sie wirken mit. Der Pfarrgemeinderat trägt dazu bei, daß dieses Miteinander deutlich erlebt werden kann.

2. Neben den Räten gibt es, seit längerem schon, die Vereine und Verbände. Zwar hört man heute Stimmen, die meinen, das alles sei überholt; es gibt andere, die nicht erfreut sind über die »Vereinsmeierei« (über die Nachteile werden wir noch ein kurzes Wort zu sagen haben). Aber

zunächst einmal: Vereine und Verbände können doch auch eine sehr gute Stütze sein, etwa für Bildungsarbeit und religiöse Erwachsenenbildung, aber auch für die Geselligkeit und die gegenseitige Hilfe in einer Gemeinde. Nicht in jeder Gemeinde werden alle Verbände existieren, die es im katholischen Bereich gibt, aber einige sollten und müßten doch da sein.

3. Dann gibt es seit ein paar Jahren in verstärktem Maße die freien und spontanen Gruppen, wie etwa Ehe- und Familienkreise: sechs oder acht Ehepaare finden sich einmal im Monat zusammen, um Fragen ihres Lebens, Erziehungsprobleme, auch aber Glaubensfragen miteinander zu besprechen und so gemeinsam herauszufinden, wo sie stehen und wohin sie gehen sollen und worauf es ankommt. Diese Familienkreise sind für die Kirche im ganzen eine große Hoffnung. Es sind zwar prozentual wenige (hoffentlich werden es in Zukunft mehr sein), aber es sind Menschen, die sich nicht zufriedengeben mit oberflächlichen Antworten auf ihre Fragen, die sich vielmehr im Gespräch um Lösungen und Wege bemühen.

4. Schließlich müssen, wenn man von den typischen Formen des Lebens in der Kirche spricht, noch die Orden genannt werden. Bekanntlich haben sie heutzutage viele Probleme, weil es immer weniger junge Menschen gibt, die sich für diesen Weg entscheiden. Aber zweifellos haben die Orden in allen Jahrhunderten der Kirche unendlich viel an Anregung und mitreißendem Beispiel geschenkt, und sie haben so immer wieder neues Leben in diese Kirche hineingebracht. Die Kirche wäre sehr viel ärmer, gäbe es die Orden nicht. Es würde ihr sehr viel fehlen. Es ist deshalb wichtig, daß in den Gemeinden diese Möglichkeit des Zusammenlebens nicht verkannt wird. Es genügt nicht, nur zu sagen: »Wie gut, daß die Orden da sind«, und »schade, daß es immer weniger werden«, im

übrigen aber bei den jungen Leuten den Gedanken möglichst gar nicht aufkommen zu lassen, daß man auch heute — ins Kloster gehen könnte.

Fassen wir zusammen: Pfarrgemeinderäte, Verbände und Vereine, spontane Gruppen und Kreise, Orden, das sind vielleicht die vier typischen Weisen, wie die Gemeinde lebt; vier Weisen, die nicht zum Amt gehören, auf die sich aber das Amt bezieht. Und dies alles muß es geben, damit der Glaube in den Gemeinden lebendig ist.
Aber bei allen Formen des Miteinanders treten unvermeidlich Dinge auf, die wenig populär sind: Organisation, Planung, Verwaltung, Papierkrieg, Kirchensteuer usw. Viele werden sich fragen: Muß das denn alles sein? Ich glaube, wir kommen wohl nicht daran vorbei, einen gewissen Verwaltungsapparat zu bejahen. Die Frage kann deshalb nicht heißen, ob wir in dieser Kirche die Organisation, den Verwaltungsapparat und all das Komplizierte brauchen, sondern sie muß lauten: Wie können wir mit alldem umgehen, wie können wir es richtig machen und sinnvoll einsetzen, damit ein Höchstmaß an menschlichem, religiösem und geistlichem Nutzen dabei herauskommt. Das ist die entscheidende Frage.

Vom rechten Umgang mit den Strukturen

1. Natürlich können all diese Dinge mißbraucht werden. Pfarrgemeinderäte können sich erhaben fühlen über die Gemeinde. Es kann sein, daß nun statt eines Pastors, der alles allein entscheidet, zehn oder fünfzehn »Pastöre« in einer Gemeinde sind. Verbände und Vereine können nebeneinanderher in der Gemeinde arbeiten und dabei unnütz vieles doppelt tun, wo man sich hätte absprechen können. Spontane Gruppen und Familienkreise können

sich abkapseln und absondern, sie können selbstgefällig auf die anderen, auf die »Normalchristen«, herunterschauen. Die Orden können den Auftrag der Stunde überhören oder ihn mangelhaft erfüllen, oder sie können ihr Profil und ihren religiösen Tiefgang verlieren. Die Mißbräuche gibt es als Gefahr immer, das ist aber noch kein Grund, das Ganze abzutun. Es kommt also darauf an, das Ganze richtig zu tun.

2. Dazu gehört wohl zweierlei, vor allem, daß wir alle Anteil nehmen durch Mitdenken und Mittun. Voraussetzung dafür ist aber das Informiertsein. Zum Mitdenken und Informiertsein wäre manches zu sagen. Wenn man so in das Leben unserer Pfarrgemeinden hineinsieht, hat man manchmal den Eindruck, die Mitglieder der katholischen Kirche seien am schlechtesten informiert über das, was in ihrer Gruppe, in der Kirche, geschieht. Da sind Menschen, die von sich einen ganz bestimmten Glauben bekennen, aber oft so gut wie gar nichts über diesen Glauben wissen. Allzuoft verläßt man sich auf kümmerliche Restbestände des Religionsunterrichts, der zwanzig oder vierzig Jahre zurückliegt. Natürlich gerät man dann in Bedrängnis, wenn man irgendwo hört oder liest, dies und jenes sagten die Katholiken oder lehre die Kirche angeblich. Man weiß es nicht zu beurteilen. Es ist nun wirklich die Frage, ob man heute als Katholik in dieser Kirche mit einem Mindestmaß an Wissen und Informationen auskommen kann, oder ob man nicht die Pflicht hat, sich zu informieren und weiterzubilden. Was ist, wenn die Kinder aus der Schule kommen mit ihren Fragen? Was ist, wenn diese oder jene Illustrierte mit »Reports« aus dem kirchlichen Bereich aufwartet, in denen Fakten entstellt oder mit einseitigen Deutungen und Spott vermischt erscheinen? Dann sollten wir das nicht nur erkennen und zu werten wissen, sondern wir sollten dem etwas zu erwidern haben.

In diesem Zusammenhang wird man an die Mitglieder dieser Kirche heute durchaus Forderungen formulieren müssen. Es ist sehr zu bezweifeln, ob in dieser unserer Zeit eine Stunde des Gottesdienstes am Sonntag, eine Stunde pro Woche also, genügt, um sein Christsein durchhalten zu können. Diese Stunde des Gottesdienstes genügt sicher nicht mehr. Wir müssen klar sehen, daß unser christliches Leben, unser Mitleben in der Kirche nicht in dieser Sonntagsmesse allein bestehen kann. Und es wäre seelsorglich unverantwortlich, wollten wir das vertuschen und würden wir nicht daran erinnern. Dann müssen wir uns fragen: »Muß ich nicht sonst irgendwo noch etwas tun? Muß ich nicht irgendwie mittun in der Gemeinde? Will nicht der Geist Gottes durch mich meine Gemeinde lebendiger gestalten?« Nun könnten Sie fragen: »Was sollen wir denn noch alles? Halten wir nicht schon den Sonntagmorgen unter Schwierigkeiten für den Gottesdienst frei? Haben wir nicht alle einen Beruf? Sind wir abends nicht müde? Haben wir nicht eine Familie? Haben wir nicht das Recht, uns auch einmal ein Fußballspiel oder einen Film im Fernsehen anzusehen oder sonst etwas Unterhaltendes?« Gewiß sind dies alles wichtige Aufgaben und gute Gründe, doch wird sich auch ein jeder von uns fragen müssen: »Was ist mir mein Glaube und die Lebendigkeit dieser Kirche wert? Wo werde ich gebraucht, wo warten andere — auf mich?« Danach wird ein jeder selbst beurteilen müssen, ob er noch mehr und anderes tun muß.

Denn nicht für den Papst und nicht für den Bischof und nicht dem Pfarrer zuliebe tun wir das, was wir in der Gemeinde tun, sondern es geschieht füreinander — weil wir alle gemeinsam in dieser Welt zu glauben haben; und wir tun es für uns selbst und die Freude am Evangelium, am eigenen Glauben. Denn lahme und tote Gemeinden lassen keine Funken springen; dort macht es keine Freude, Christ zu sein. Aber dort, wo Leben ist und wo man einander im Alltag brüderlich beisteht, dort, wo man einander glauben hilft, dort weiß man sich getragen. Dazu muß man allerdings investieren: Zeit, Energie, Interesse, aber dann kommt auch etwas dabei heraus.

3. Und nun ergibt sich dies: all das Organisatorische, all die Vereine, die Grüppchen und Klübchen und der ganze Verwaltungsapparat, kann und soll dazu verhelfen, daß lebendige Gemeinde sei. Dazu gehört aber Mitdenken, viel positive Kritik und eigenes Mittun, dann werden diese äußeren Dinge auch als nützlich erkannt.

Dann werden wir nicht den Eindruck haben, das Evangelium werde in einer Flut von Papier, Bürokratie und Organisation erstickt. Wir werden spüren, daß diese Gemeinde und die Kirche durch all diese äußeren Dinge gestützt und bewegt wird. Dann werden wir erfahren, daß man in dieser komplizierten Kirche die ganz einfache Botschaft noch immer am unmittelbarsten erfahren, hören und miteinander leben kann: »Liebet einander, wie ich euch geliebt habe!«

Winfried Daut

Was hat die Kirche in mein Gewissen zu reden?

Kirche und Normen
Gal 5,13f. — Abschnitte aus der Bergpredigt (Mt 5—7)

Genauer gefaßt muß die Frage lauten: Was hat das Amt in der Kirche, was also hat ein Papst, Bischof oder Priester mir in mein Gewissen zu reden?
Die Antwort kann nicht einfach heißen: Nichts! Das Amt in der Kirche hat uns und unserem Gewissen etwas zu sagen; das dürfte als Grundsatz eigentlich auch nicht strittig sein. Was aber als Unterton in dieser Frage mitschwingt, hat die Diskussion der letzten fünf Jahre über die Enzyklika Papst Paul VI. »Humanae vitae« deutlich gezeigt: Bei vielen Katholiken ist die Vertrauensvorgabe an das Amt in der Kirche in Fragen der Moral erheblich geschwunden.
Ganz offensichtlich fühlen sich viele mit ihren Problemen nicht mehr verstanden und sehen sich alleingelassen; auch weil in der Vergangenheit Seelsorger sich aus Unverständnis und Unsicherheit (und manchmal auch aus Härte) über die Not vieler Menschen hinweggesetzt haben.

Die Fixierung der kirchlichen Moralverkündigung auf das sechste Gebot hat dieses latente Unbehagen sicher noch verstärkt. Trotzdem wurde immer wieder auch noch ein helfendes Wort erwartet zur christlichen Bewältigung des Lebens, zur Gestaltung von Ehe, Familie und Kindererziehung usw. Einmal glaubte man, kein Verständnis zu finden, ein anderes Mal vermißte man ein deutliches Wort, wo es angebracht gewesen wäre, eindeutig zu reden. Zu dieser vielschichtigen Enttäuschung kommt heute noch dazu, daß »kirchliche Moral« und das gesellschaftliche Wertbewußtsein einer »bürgerlichen Moral« auseinanderfallen. Keiner will gerne »rückständig« bleiben und stimmt lieber mit der großen Mehrheit überein.

Man kommt nicht um die Feststellung und das Eingeständnis herum: Gerade in ihrer Moralverkündigung hat die Kirche einigen Kredit verspielt.

Darum soll in unserer Frage ein offenes und deutliches Wort versucht werden. Darum möchte diese Predigt um neues Vertrauen werben und auch bitten. Aus zwei Gründen:

Geschichtlicher Wandel

Papst, Bischöfe und Priester sind auch nicht viel klüger als die Kirche in ihrer Gesamtheit. Und diese ist umgekehrt vermutlich auch nicht klüger als ihr Papst, ihre Bischöfe und Priester.

Wir alle haben heute für unser so kompliziert gewordenes Leben vielfach keine fertigen Rezepte. Immer, wenn Christen ihrem Leben aus dem Glauben heraus einen Sinn gegeben haben, war das auch abhängig von dem jeweiligen Selbst- und Weltverständnis der Menschen. Das ist heute nicht anders. Ein solches Selbstverständnis des Menschen ist wiederum noch einem kulturgeschichtlichen

Entwicklungsprozeß unterworfen. Das bedeutet keinen blanken Relativismus, heißt aber doch zu begreifen, daß bestimmte moralische Vorstellungen auch geschichtsbestimmt und geschichtsbedingt sein können. Heutige »Geschichtsvergessenheit« läßt viele Gläubige die Moral der Kirche als ein starres Normensystem betrachten, das nur wenig beitragen kann, unsere Gegenwartsfragen zu lösen. Umgekehrt werden Versuche, christliche Moral für eine neue Zeit jeweils auch neu auszusagen, als »Anpassung an den Zeitgeist« oder als »Abfall vom Gesetz Gottes« abgewertet. Wir müssen noch mehr unterscheiden lernen zwischen christlichem Tun als einer Grundentscheidung im Gehorsam gegenüber Gott (als Umkehr, Glaube, Hoffnung, Liebe) und den auch geschichtlich bedingten Folgerungen aus einer solchen Grundhaltung. Eine solche Unterscheidung ließe sich die ganze Geschichte der Kirche hindurch verfolgen, angefangen von bestimmten zeitgebundenen Weisungen des Neuen Testaments bis hinein in unsere Tage.

Als Beispiel noch einmal »Humanae vitae«: In der Kirche konnte doch erst über die Frage der sittlichen Erlaubtheit künstlicher Verhütungsmittel nachgedacht werden, als diese überhaupt entdeckt, medizinisch erprobt und allgemein anwendbar geworden waren. Der Papst hat in seiner Enzyklika (davon ist sehr wenig geredet worden!) sehr vornehm über Liebe und Ehe gesprochen. Er hat verantwortete Elternschaft und Familienplanung bejaht. Nur hat er als Weg dazu künstliche Mittel abgelehnt. Das auch nicht aus Bosheit oder Menschenverachtung, wie es vielfach hieß, sondern weil er und seine Berater sich einer bestimmten philosophisch-theologischen Richtung, einem bestimmten Menschenbild und der bis dahin eindeutigen Überlieferung der Kirche verpflichtet wußten.
Die Diskussion der letzten Jahre über diese Enzyklika, die der Papst nicht unterbunden hat und zu der uns unse-

re Bischöfe ermuntert haben, hat uns alle doch auch sehr viel weiter gebracht: Wir haben den ganzen Bereich der menschlichen Geschlechtlichkeit und ehelichen Liebe umfassender zu sehen gelernt. Wenn etwa verantwortete Elternschaft und Wahl der Methoden in das Gewissen der Eheleute gestellt ist, ist der Anspruch einer christlichen Ehe nicht geringer geworden.

Wir können dem Evangelium vielfach keine fertigen Regeln entnehmen, sondern müssen dieses Evangelium immer wieder neu mit dem sich wandelnden Selbst- und Weltverständnis des Menschen zusammenhalten.

Das war der eine Grund zur Bitte um Vertrauen; der andere:

Notwendige Weisung

Das Amt in der Kirche hat die Pflicht zu konkreten Weisungen, weil Glaube und Leben zusammengehören, weil man beides nicht trennen kann, weil Auslegung des Glaubens immer auch Deutung des Lebens mit einschließt. So bezieht sich denn auch die geglaubte Unfehlbarkeit des Papstes auf letztverbindliche Aussagen über Glaube *und* Sitte.

Das Amt in der Kirche hat auch das Recht, einen konkreten »christlichen Orientierungsrahmen« aufzustellen. Früher wurden diese sog. Kirchengebote manchmal so verkündet, als habe man eine unmittelbare Verbindung zum Himmel. So wurde z. B. im alten Kölner Gebetbuch (bis 1971 in Gebrauch) der Abschnitt über die Kirchengebote mit dem Jesus-Wort eingeleitet: »Wer euch hört, hört mich« (Lk 10,16). Mit einem solchen Anspruch kann man die Kirchengebote nicht begründen. Aber diese Gebote sind eine Rahmenordnung, sie sind Erfahrungswerte, gewachsen aus der Glaubens- und Gebetserfahrung der Kirche. Und es gilt auch heute noch, daß man wohl kaum ein Christ sein kann, wenn man diese Ordnung auf grobe Weise mißachtet.

Das Amt in der Kirche hat auch Recht und Pflicht, eindeutig festzustellen, ob eine bestimmte Lehre noch als christlich oder kirchlich vorgetragen werden kann. Die Kirche ist kein Jahrmarkt, auf dem sich alle möglichen Meinungen ein Stelldichein geben können. Man darf doch auch voraussetzen, daß ein solches bestimmtes Wort eines Papstes oder eines Bischofs aus der Mitte eines betroffenen christlichen Gewissens heraus gesprochen ist. Darum kommt in der Auseinandersetzung damit dem Amt und seiner Lehre auch ein bestimmtes Vorrecht zu. Unter den Theologen ist immer die Freiheit des Gewissens festgehalten worden (vgl. Thomas v. Aquin, De Veritate q17 a4; J. H. Newman, Apologia pro vita sua, 5). Aber ein Gewissen muß sich auch bilden und korrigieren lassen. Eine Gewissensentscheidung darf nicht leichtfertig gefällt werden, sondern muß umfassend verantwortet sein.

Man kann auch nicht die Zuständigkeit des kirchlichen Amtes auf die Sakristei beschränken. Man wird etwa den deutschen Bischöfen nicht das Recht absprechen können, sich aus christlicher Verantwortung etwa zu Fragen der Gesellschafts-, Kultur- und Sozialpolitik zu äußern. Nicht, um sich auch noch ins Tagesgeschäft der Politiker einzumischen, sondern weil sie von ihrem Amt her immer wieder christliche Grundwerte und -überzeugungen in Erinnerung bringen müssen.

Darum diese Bitte um Vertrauen: Wir alle müssen gemeinsam um die Fragen ringen, wie wir heute Christ sein können; wobei zusätzlich die Amtsträger der Kirche von ihrem Auftrag her zu deutlichen, konkreten Weisungen verpflichtet sind.

Wie können nun heute solche konkreten, sittlichen Weisungen gefunden werden?

Es ist vorbei, eine christliche Moral mit einer ausgeklügelten Kasuistik aufbauen zu wollen. Das moderne Leben mit seiner Kompliziertheit und Verschiedenheit widersetzt sich von vornherein einem Versuch, es mit einem Katalog von Geboten und Verboten erfassen zu wollen.

Darum muß jeder sein Gewissen aus den christlichen Grundwerten heraus bilden. Das kann niemandem abgenommen werden. Das muß auch in den Familien geschehen. Eltern müssen ihren heranwachsenden Kindern zu einer solchen Grundentscheidung verhelfen. Sie müssen ihnen Entscheidungshilfen an die Hand geben, daß sie sich mit gesellschaftlichen Trends auseinandersetzen können. Ohne eine solche »Unterscheidung der Geister« kann man sich nicht der Normativität des Faktischen und dem Konformitätsdruck widersetzen. Die Jugend soll, wie sie kritisch auf die Kirche sieht, ebenso kritisch auch die Gesellschaft betrachten!

Unsere christlichen Wertvorstellungen können auch nicht mehr einfach autoritativ vermittelt werden. Wir müssen sie von der Sache her begründen und einsichtig machen können. Darum müssen wir auch unbedingt die Ergebnisse der Humanwissenschaften zur Kenntnis nehmen. Solche Ergebnisse — zusammengehalten mit christlichen Grundüberzeugungen — könnten dann jene Weisungen ausmachen, die uns in konkreten Situationen richtig entscheiden lassen.

Solch ein Bemühen um ein konkretes Verhalten kann man noch einmal an der Diskussion um »Humanae vitae« verdeutlichen: Wie hier geschehen, müssen wir alle miteinander im Gespräch bleiben, und jeder soll und muß bei einer solchen Diskussion seine Meinung sagen dürfen, ohne daß ihm gleich ein Maulkorb umgehängt und das Wort verboten wird.

Das Amt in der Kirche muß gar nicht für jede Frage, die in der Kirche ansteht, eine Antwort bereithalten. Es schadet dem Amt und den Amtsträgern nicht, wenn Unsicherheiten, Zweifel und notwendige weitere Überlegungen zugegeben werden. Es schadet dem Amt auch nicht, wenn eine Entscheidung zurückgenommen wird. Das soll man auch ausdrücklich sagen, wenn eine Entscheidung vielleicht sachlich falsch oder gar menschlich ungerecht war. Und es hat auch noch keinem Priester im Beichtstuhl geschadet, wenn er ehrlich zugibt, daß auch er eine bestimmte Situation nicht durchschauen und nicht beurteilen kann.

»Was hat die Kirche in mein Gewissen zu reden?« war die Frage. Es geht, wir sehen es, gar nicht nur um Papst, Bischöfe und Priester, es geht darum, daß wir alle zusammen in unserer Kirche unseren Glauben heute leben. Das können wir nur, wenn wir uns zusammen redlich um diesen Glauben mühen.

Normen für heute

Was wären dann solche modernen christlichen Weisungen gerade für uns Christen in einer von Wissenschaft und Technik geprägten Welt, für uns Christen in einer pluralistischen und permissiven Gesellschaft?

Ganz allgemein gilt, daß wir selbst uns den Anspruch des Christlichen nicht ermäßigen und zu unseren christlichen Überzeugungen stehen. Wenn wir an die »Menschenfreundlichkeit unseres Gottes« (Tit 3,4) glauben und sie verkünden, dann muß unsere Moral auch die Probe auf das Humanum, die Probe auf das Menschliche bestehen können.

Dann müßten wir heute reden von der uneingeschränkten Würde und dem uneingeschränkten Wert des menschlichen Lebens. Vieles deutet darauf hin, daß diese Rede bald den Charakter eines unterscheidenden christlichen Bekenntnisses annehmen wird. Hier haben dann auch die klaren Stellungnahmen der Bischöfe zur Reform des Abtreibungsparagraphen ihren Platz. Wenn politisch möglicherweise die Fristenlösung durchgesetzt wird, wäre damit in keiner Weise etwa für einen Christen eine Abtreibung bis zum dritten Monat sittlich erlaubt.

In einer übersexualisierten Welt müßten wir Christen auch deutlich machen, was für uns unverzichtbare Werte in diesem Bereich sind: Treue, die gleiche Würde der Partner, die Integration dieses Bereiches in einen personalen Vollzug und die soziale Verantwortung. Wir sollten uns auch nicht scheuen, davon zu sprechen, daß für uns ein Leben in freigewählter Ehelosigkeit sinnvoll ist.

Christen müssen sich heute einsetzen, wo immer in dieser Welt gewaltlos um eine menschenwürdige Ordnung des Friedens und der Gerechtigkeit gerungen wird.

Wir brauchen aber noch nicht einmal in die »dritte Welt« zu gehen, um unsere christliche Verantwortung zu sehen. Wie stehen wir zu den »Randgruppen« unserer Gesellschaft in der Bundesrepublik?

Wie stehen wir zu den neu aufkommenden Thesen vom »lebensunwerten Leben«? Im Gefolge der Diskussion über die Abtreibung hat eine Diskussion über die »Euthanasie« (darunter verstanden: Hilfe zu einem menschenwürdigen Sterben, Tötung auf Verlangen, Tötung eines sog. menschenunwürdig gewordenen Lebens) eingesetzt. Sind wir wirklich überzeugt, daß das Leben unantastbar, unversehrbar, unverfügbar und um seiner selbst willen schutzwürdig ist?

Wie steht es mit den ledigen Müttern und ihrer Diffamierung, gerade auch im katholischen Milieu? Ist mit einem moderneren staatlichen Nichtehelichenrecht, das wir jetzt haben, auch schon die Außenseiterrolle der ledigen Mütter und ihrer Kinder beseitigt? Wir dürfen uns nicht nur mit verbalen Protesten gegen die Abtreibung zufriedengeben, sondern müssen durch verstärkte Aufklärung mit an ihrer Überwindung arbeiten. Und die Kirche muß ihren Platz wirklich an der Seite einer schwangeren Frau wissen, die ihr Kind auszutragen bereit ist.

Was machen wir mit den ausländischen Arbeitnehmern, den sog. Gastarbeitern? Es ist gut, daß die Synode in Würzburg nicht nur innerkirchliche Nabelschau betreibt, sondern auch an diese Frage herangeht.

Wie stehen wir und unsere Gesellschaft zu den psychisch Kranken und deren Isolation? Wer einmal in einer Heilanstalt war, ist ähnlich gezeichnet wie einer, der im Gefängnis gesessen hat und dem man bei seinem Versuch, sich wieder einzugliedern, Schwierigkeiten bereitet statt ihm zu helfen.

Wir müssen als Christen unsere soziale Wirklichkeit in ihrer ganzen Breite zur Kenntnis nehmen und jede weiterführende Initiative unterstützen und sie selbst auch ergreifen, dann erst wird man auch außerhalb der Kirche wieder an die Menschlichkeit Gottes glauben lernen, weil man wieder an die Menschlichkeit der Christen glauben kann. Dann erst können christlicher Glaube und christliche Hoffnung als »befreiend« erfahren werden, wenn wieder deutlich wird, daß Glaube an Gott und Dienst an der Welt und ihren Menschen sich nicht widersprechen, sondern die Kehrseiten derselben Medaille sind.

Unsere herkömmlichen Beichtspiegel müßten auch einmal umgeschrieben werden! Es müßte in ihnen sehr viel mehr auch die Rede sein von »modernen Sünden«. Auch sollte in unseren Predigten mehr noch von den Tugenden eines modernen Christen geredet werden, von: Verantwortungsbewußtsein, Toleranz, Friedensliebe, Sachlichkeit, Aufgeschlossenheit, Vorurteilslosigkeit, Ehrfurcht, Tapferkeit, Freundlichkeit, Gelassenheit, Mit-Freude und Mit-

Leid, Dankbarkeit, Selbstbeherrschung, Konsumverzicht, Geduld und Demut, Hoffnung und Zuversicht.
Mit dem Gegenteil solcher modernen Tugenden hätten wir schon eine Reihe »moderner Sünden«.

Diese Predigten stehen unter dem Thema: Kann ich diese Kirche lieben? Es geht jetzt eigentlich gar nicht mehr um diese Frage, sondern darum, ob für andere, Außenstehende, unsere Kirche liebenswert erscheint, ob ich selbst ein liebenswürdiger Christ bin?
Darum müssen wir erkennen, daß wir alle Sünder sind, daß wir Buße tun, immer wieder umkehren und uns immer wieder auf den Weg zu Gott und zu unseren Mitmenschen machen müssen. Darum wurde als Evangelium aus der Bergpredigt vorgelesen, weil es eben in unserem Leben als Christen um jenes großzügige »Mehr« an Liebe geht, das Jesus uns hier zumutet, um jene Liebe, die nicht berechenbar, nicht vernünftig, nicht zweckmäßig ist. Es geht um nichts anderes als um die Verwirklichung der Liebe Jesu, die wir nur unter seinem Kreuz begreifen können.
Wenn wir uns wieder auf diese Liebe besinnen, könnte unser Leben zum Zeugnis werden und andere auch wieder überzeugen. In einer altchristlichen Schrift heißt es: »Was die Seele im Leib ist, sind die Christen in der Welt« (Brief an Diognet, Kap. 6).
Wir sind es nicht, aber wir sollten es sein.

Anmerkung:
Für den Druck wurde nur die unmittelbare Redeform der Predigt umgearbeitet. Anregungen verdanke ich:
U. Brisch, Provokation. In: Pastoralblatt 22 (Köln 1970) 152 bis 156; K. Rahner, Strukturwandel der Kirche als Aufgabe und Chance (Freiburg 1972) 49—95.

Hermann-Josef May ## Was gehen uns die anderen an?

Kirche und Mission

Es wird sicherlich manchen unter uns geben, bei dem der Begriff »Mission« Gedankenverbindungen mit Briefmarkenausschneiden und Stanniolpapiersammeln hervorruft — Erinnerungen an einen vergangenen Lebensabschnitt, in dem Fernweh und Abenteuerromantik noch zu solchen Aktivitäten für die Missionare in fremden Ländern anspornten. Wir sind inzwischen nüchterner und erfahrener geworden, und vielleicht haben wir uns inzwischen auch eine nüchterne Meinung zum Thema »Mission« zugelegt, z. B. daß auch für eine Organisation wie die Kirche das eherne Gesetz der Wirtschaft gilt: Wer nicht wirbt, der stirbt.

Die Kirche hat in den letzten Jahrzehnten viel an Anziehungskraft eingebüßt, ihr gesellschaftlicher Einfluß schwindet, die Zahl ihrer Mitglieder sinkt im Verhältnis zur Bevölkerungszahl, sie scheint ihre Rolle als Volkskirche ausgespielt zu haben. Da ist es nur natürlich — so scheint es —, daß sie dieses verlorene Terrain in anderen

Gebieten auszugleichen sucht; ihre Art der Werbung nennt sich eben Mission.

Aber gerade wenn wir die Kirche auf diese Art sehen, als weltweite Organisation, mit einem riesigen Werbeaufwand, mit dem Willen, sich in dieser pluralistischen Welt durchzusetzen, gerade dann müssen wir uns der Frage stellen: Was verspricht sich die Kirche eigentlich von diesem Aufwand? Warum wird die Kirche nicht ein bißchen bescheidener und beschränkt sich auf die Betreuung der eigenen Mitglieder? Warum lassen wir die anderen nicht in Ruhe und jeden auf seine Weise selig werden?

Kirche für die Welt

Vom Herrn gesandt

Alle unsere Fragen und Betrachtungen und Meinungen hängen in der Luft, solange sie nicht von der schlichten Erkenntnis ausgehen: Der Auftrag zur Mission kommt vom Herrn selbst. Derselbe Herr, der die Kirche gegründet und ihr seinen Beistand und sein Bleiben in ihr »bis ans Ende der Welt« (vgl. Mt 28,20) verheißen hat, er hat ihr auch die Aufgabe zugewiesen, alle Völker zu seinen Jüngern zu machen. Es ist also keine Frage des Überlebenwollens oder der Praktibilität oder der Begeisterung, ob die Kirche Mission treibt oder nicht; es ist ganz einfach die Frage, ob sie den Auferstandenen als ihren Herrn anerkennt.

Solange sich die Kirche auf ihn beruft und von ihm her ihre Existenz begründet, kann sie sich dem Auftrag nicht entziehen, von seiner Auferstehung Zeugnis abzulegen, die Gottesherrschaft in Jesus, dem Gekreuzigten, zu proklamieren. Es ist nicht die Aufgabe der Kirche, sich selbst zu erhalten und sich möglichst stabil und unangreifbar und ansehnlich einzurichten, sondern »hinzugehen«, wie

Jesus selbst hingegangen ist: zu den Verlassenen und Unterdrückten, zu den Verachteten und zu denen, die im Dunkeln sitzen; zu den Menschen. Auch die Kirche muß bereit sein, hinzugehen mit ihrem Herzen, und zwar so weit, wie er gegangen ist, bis in den Tod. Jesus hat seinen Jüngern bei der Ausführung seines Auftrages keinen Erfolg versprochen, im Gegenteil: dem Schüler ergeht es nicht besser als seinem Meister und dem Knecht nicht besser als dem Herrn (vgl. Mt 10,24). Mission ist also alles andere als der Befehl zur Selbsterhaltung und Selbstentfaltung der Kirche.

Sakrament des Heils

Denn die Kirche hat nicht das Recht, sich als Institution mit Anspruch auf Größe und Endgültigkeit zu verstehen, sie ist keine geschlossene Gesellschaft mit festen Satzungen und Verpflichtungen und daraus ableitbaren Dienstleistungsansprüchen und kalkulierten Zukunftserwartungen. Sie ist vielmehr die Gemeinschaft derer, die von der Botschaft Christi ergriffen sind, daß er unser Friede ist; die angesteckt sind von der Idee Christi: Liebe. Sie ist die Gemeinschaft derer, die eine für die ganze Welt und für alle Menschen entscheidende Erfahrung gemacht haben: Heil und Frieden kann es nur nach der Art Jesu geben; jede andere Hoffnung ist trügerisch und vergeblich.

Und Christen schließlich, das sind nicht zunächst die zufällig und ungefragt Getauften, die sich aus irgendeinem Grund noch nicht entschließen konnten, sich aus der Kirche abzumelden. Es sind vor allem diejenigen, die das verwirklichen, was sie empfangen haben, den Frieden. Gerade durch sie wird die Kirche das, was sie dem Willen ihres Herrn entsprechend sein soll: Licht der Welt und Sakrament des Heils für alle Völker. Wenn sie sich auf diese Weise verwirklicht, erfüllt sie ihre einzige Aufgabe für diese Welt, allen Menschen von der Liebe Gottes, die

uns in Jesus erschienen ist, Zeugnis zu geben und diese
Liebe Gottes anschaulich und erlebbar anzubieten.

Dynamik des Geistes

Als die Apostel auf den Befehl Jesu hin, hinauszuziehen,
zu predigen und zu taufen, Jerusalem verließen, hatten
sie wohl noch kaum eine Vorstellung von dem, was auf
sie zukommen und was dieser Auftrag für sie bedeuten
würde. Manches mag uns sehr zufällig vorkommen, was
die Apostel unternahmen; es gab kein strategisches Kon-
zept der Arbeitsteilung und der Predigtmethode. Es ist, als
hätten sie immer neue »Marschbefehle« erhalten, zu immer neuen Grenzen aufzubrechen und sie zu überschreiten. Samaria war die erste Grenze, an der sie lernen mußten, daß der Gottesdienst nun nicht mehr an den Tempel
gebunden und daß also Jerusalem nun nicht mehr die
einzige und wahre Hauptstadt des wahren Gottesdienstes
ist. Dann wurden sie fast mehr zufällig nach Syrien mit
seiner Hauptstadt Damaskus mitten in ein heidnisches
Volk verschlagen. Die Grenze des Volkes Israel zu überschreiten mag ihnen besonders hart angekommen sein.
Daß das Heil und die Erlösung nicht mehr an die Zuge-
hörigkeit zum Volk Israel und an die Vorschriften des
Gesetzes gebunden sind, wurde ihnen erst deutlich,
als sich auch die Heiden zu Jesus bekannten. Es ging weiter nach Europa und aus dem Kultur- und Sprachbereich
des Hellenismus hinaus. Immer mußten die Gesandten
des Herrn auf neue Überraschungen gefaßt sein, die ihnen
das Ausmaß und die Tiefe des Erlösungswillens Gottes
zeigten. Sie gewannen allein durch ihre Missionsarbeit
die Gewißheit, daß der Heilige Geist selbst die Richtung
steuert. Welche Art von Kirche der Herr gegründet hatte,
konnten sie erst erfahren, indem sie Mission trieben.
Indem die Kirche missionarisch ist, erfährt sie selbst, welche Aufgabe ihr für diese heutige Welt gestellt ist. Sie

muß dabei auf die gleichen Überraschungen gefaßt sein wie seinerzeit die Apostel, und sie muß auch wie die Apostel bereit sein, ihre eigenen Grenzen zu sprengen und auf die Ideen Gottes einzugehen. Die Dynamik des Heiligen Geistes ist auch heute noch in ihr lebendig, wenn sie sich dem Auftrag des Auferstandenen nicht entzieht.

Kirche für den Menschen

Wenn wir den Missionsauftrag so verstehen, beantwortet sich auch von daher die Frage: Respektiert die Kirche in ihrer Mission die Würde und Freiheit und Verschiedenartigkeit der Menschen? Warum sollen alle Menschen nach unserer Art selig werden?

Ruf in die Freiheit

Denn Mission ist ja gerade Proklamation der Befreiung des Menschen aus den Zwängen jeder Gesetzlichkeit und aus der Hoffnungslosigkeit jeder Selbstbefreiung. Christus hat uns und alle Menschen frei gemacht. Wenn wir dies nicht wissen und leben, haben wir nicht das Recht und nicht den Auftrag zur Mission. Wäre Mission nur die Errichtung neuer Institutionen und die Einführung einer neuen Religion mit anderen Bindungen und Verhaltensnormen, dann wäre sie gegenüber den anderen Angeboten dieser Welt — ob ideologisch bestimmt oder nicht — nichts anderes als eben auch nur eine Art der Menschenverführung: Verführung, nach unserer Art zu denken und zu leben, nach unserer Art die Welt zu sehen und schließlich nach unserer Art zu zweifeln und zu verzweifeln. Mission im Auftrag des Herrn darf aber nicht ein Ideenexport und kein Überredungsgeschäft sein, sondern der bescheidene und unsererseits immer unzulängliche

Versuch, allen Völkern und jedem Menschen sichtbar zu machen, daß es Freiheit und wirkliche Menschenwürde nur in Jesus und seiner Gemeinde gibt.

Solidarität mit allen Menschen

Wie die Apostel nicht in dem Bewußtsein hinauszogen, auf die Fragen der Damaszener, der Athener und der Römer bessere Antworten zu wissen als die anderen Wanderprediger und die anderen Religionsvertreter, so sind die Missionare unserer Tage nicht die europäischen Besserwisser und Alleskönner, die aus dieser Überlegenheit heraus das Christentum attraktiver anbieten können als andere Religionen. Wenn die Botschaft von der Gotteskindschaft aller Menschen nicht ein leeres Gerede von allgemeiner Menschenverbrüderung sein soll, muß sich die Kirche und jeder Christ mit jedem Volk und mit jedem Menschen solidarisch wissen. Das bedeutet einerseits, daß wir keinen Anlaß zu Arroganz und Dünkelhaftigkeit gegenüber anderen Kulturen und Religionen haben; andererseits heißt dies aber auch, daß menschliche Not und Hilflosigkeit auch ein Problem der missionierenden Kirche ist. Eine Jenseitshoffnung ist inhaltslos, wenn sie nicht schon auf dieser Erde zeichenhaft und anfanghaft verwirklicht ist. Unsere Solidarität mit allen Menschen wird beansprucht und begründet aus der Zuversicht, daß Gott unser Heil zusammen mit dem Heil aller Menschen will, und daß Gott nicht die Menschen nach Hautfarbe, Zivilisationsstufe und Religion sortiert. Alle Schranken zu den Noch-nicht-Gläubigen, zu den Nicht-Gläubigen und zu den Anders-Gläubigen hat bereits Jesus niedergerissen, weil er das Heil aller will und weil er die Apostel in alle Welt hinausgesandt hat.

Einheit und Vielfalt

Vielleicht könnte es sich als eine der großen Überraschungen unserer Zeit herausstellen, daß sich die weltumfassende Katholizität der einen Kirche Christi gerade nicht durch irgendeine äußere Einheit der Sprache und Liturgie, durch einheitlichen Ausdruck und Vollzug des Glaubens, durch verwaltungsmäßige Einheit der Leitungsgremien und des Hirtenamtes dokumentiert, sondern durch die einzige Einheit, von der Christus spricht, der Einheit in der Liebe. Vielleicht muß die Kirche wieder einmal eine Grenze überschreiten, eine Grenze ihres eigenen Selbstverständnisses, damit die Herrschaft Gottes in der Gemeinde des Herrn allen Völkern aufleuchtet. In den Missionsländern wirkt die Zerrissenheit des Christentums als Gegenzeugnis der Botschaft von der Liebe und Einheit. Immer weniger Menschen können auch bei uns verstehen, daß sich Kirchen und Christen, die sich auf denselben Herrn berufen, gegeneinander abschließen und gegenseitig ausschließen.

Wohin uns der Geist des Herrn in dieser Situation der Kirche führt, vielleicht können wir es bereits ahnen, vielleicht sind wir schon mitten in diesem Prozeß einer Umgestaltung, die der Herrschaft Christi neue Grenzen öffnet.

Nüchternheit und Zuversicht

Realität der Statistik

Es bleibt die Frage: Sind dies nicht alles Illusionen, müssen wir nicht viel nüchterner die Wirklichkeit sehen? Das Christentum und die Kirche befinden sich auf dem Rückzug. Statistiken belegen die harten Tatsachen: die Kirche wird kleiner, die Christen werden weniger, das Ziel der Mission rückt in immer weitere Fernen. — Dies alles kann aber nur den überzeugen, der an die Kirche Maßstäbe der Werbungsindustrie anlegt. Sie ist nach diesem Maßstab wenig effizient, sie kommt nicht gut an, ihr Image verbessert sich nicht, ihre Leistungskurve zeigt nach unten. Wer aber glaubt, daß sie trotz all dem die Kirche Christi ist, den brauchen diese Tatsachen nicht zu beunruhigen. Dies alles hat mit der Macht der Gottesherrschaft wenig zu tun. Christus tritt nicht als Konkurrent zu irdischen Mächten auf und kann an ihnen nicht gemessen werden.

Eine Testfrage

Aber diese Entwicklung darf und soll uns insofern beunruhigen, als sie uns vor eine ernste Frage stellt: Gehören wir eigentlich noch zum Jüngerkreis des Herrn? Die Probe auf unsere Antwort ist leicht zu machen. Mitten unter uns, als Nachbarn, als Arbeitskameraden, neben uns auf der Straße, in den Geschäften gibt es Menschen, die nicht getauft sind, die keiner christlichen Kirche angehören, denen das Christentum nicht ein selbstverständliches Kulturerbe bedeutet. Es sind z. B. die Gastarbeiter aus der Türkei. Sie beobachten uns und bilden sich ihre Meinung über uns und unsere Religion. Was könnte einen von ihnen bewegen, Christ zu werden? Muß nicht seine Erfahrung vom abendländischen Christentum die sein, daß wir der Religion des Fortschritts und des Konsums huldigen? Oder kann er als unser Nachbar das Gefühl haben, daß wir ihn akzeptieren, daß uns seine Nöte und Probleme nicht kalt lassen, daß er uns nicht bloß eine willkommene Arbeitskraft ist, um unseren Lebensstandard zu sichern, sondern ein Mensch, dessen Würde und Weltanschauung wir achten, der unsere menschliche Liebe verdient und erfährt? Ist unser Leben ihm ein Anschauungsunterricht dafür, wie wir als Christen sind, welche Religion wir eigentlich leben, woran wir wirklich glauben?

An diesen Fragen wird deutlich, daß Mission nicht allein Angelegenheit einiger Pioniere am Rande der Zivilisation sein kann, sondern mitten in unseren Gemeinden beginnt, ja bei uns selber beginnen muß. Wenn es heute eine innere Krise der Mission gibt, dann ist das eine Krise, die uns selber als christliche Kirche überführt; es fehlt uns die Glaubenskraft, aus der heraus allein wir unser Leben gestalten und Christus bezeugen können. Denn das Wesen der Mission ist weder Aktion noch Revolution, sondern Zeugnis.

Das Kommen seines Reiches

Wir beten täglich: Dein Reich komme. Diese Bitte bleibt das ständige Grundanliegen unseres Gebets überhaupt, weil wir wissen, daß im Reich Gottes alle unsere Bitten für uns selbst und die ganze Menschheit ihre Erfüllung finden, daß das Sinnziel der Weltgeschichte das vollendete Reich Gottes ist, daß wir es uns aber nicht selbst aufrichten können. Wir alle sind aber dazu aufgerufen, ihm den Boden zu bereiten. Und mit dieser Vaterunser-Bitte drücken wir auch unsere Bereitschaft aus, diesen unseren Auftrag zu erfüllen. Vielleicht erkennen wir in dem Gebet aber auch, daß wir wie jede Generation mit der Mission ganz von vorn anfangen müssen, indem wir uns selbst bekehren.

Klemens Jockwig

Was bleibt von Jesus?

Kirche unter dem Kreuz

Kann ich diese Kirche lieben? So heißt das Thema unserer diesjährigen Fastenpredigten. Am heutigen Tag, dem Karfreitag, wird uns klar, daß diese Frage eigentlich falsch gestellt ist; die Frage, die man mit Recht stellen kann, heißt vielmehr: Kann Gott diese Menschen noch lieben?
Wir glauben daran, daß die Kirche die bleibende und lebensmächtige Gegenwart der Wahrheit und Liebe Gottes ist, wie sie uns in Jesus Christus zuteil wurde. Wesen und Auftrag der Kirche, der Gemeinde der an Jesus Christus Glaubenden, ist es also, in der Kraft des Geistes Jesu Christi seine Sache und seine Person durch die Geschichte der Zeit inmitten der jeweiligen Gegenwart wirksam zu bezeugen. Kirche ist also das Bleiben Jesu inmitten der Welt, inmitten der Lebensgeschichte eines jeden einzelnen.

Wer aber ist dieser Jesus, der da bleibend gegenwärtig ist — und was folgt daraus?

Es bleibt der gekreuzigte Jesus — es bleibt der gekreuzigte Mensch — es bleibt die Erlösung durch das Kreuz.

Kirche ist also nur dann wirklich Kirche, und nur diese Kirche kann ich lieben, wenn sie sich zum gekreuzigten Jesus bekennt, wenn sie sich zum gekreuzigten Menschen bekennt, wenn sie sich zur Erlösung durch das Kreuz bekennt.

Es bleibt der gekreuzigte Jesus

Wir sind nur dann Kirche, wenn wir uns bleibend zum gekreuzigten Jesus bekennen.
Wenn man uns fragt: Welches Programm habt ihr? Von welchen Vorstellungen und Ideen lebt ihr? Wer ist euer Vorbild? Welche Hoffnungen könnt ihr den Menschen machen? Welchen Einfluß habt ihr? Welche Mittel könnt ihr einsetzen? Wieviel Macht besitzt ihr? Auf all diese oder ähnliche Fragen können wir nur auf einen gekreuzigten Mann namens Jesus von Nazareth hinweisen. Ist das alles? Ja, auf nichts anderes und auf niemand anderen können wir hinweisen.
Man muß sich ab und zu wieder klar darüber werden, welchen menschlichen Vorstellungen, Urwünschen und Sehnsüchten man hiermit ein für allemal den Abschied gibt. Dieser gekreuzigte Jesus ist die bleibende Herausforderung an jeden Menschen. Schon Paulus mußte sich gegen Tendenzen der Entschärfung eines solchen Skandals zur Wehr setzen — wer meint, das Kreuz sei ein Versehen der Geschichte, wer im Gekreuzigten nur einen Mythos des menschlichen »Stirb und Werde« sieht, wer — wie gnostische Kreise in der korinthischen Gemeinde — im Kreuz nur ein Zeichen für die überwundene Nichtigkeit der Materie sieht und darum nur einen verklärten

Christus in einer bereits verklärten Gemeinde verkündet, der gehört nicht mehr zur Gemeinde Jesu Christi, des Gekreuzigten.

Deswegen betont Paulus gegenüber den Korinthern, er wisse nichts anderes und er habe auch nichts anderes zu verkünden als Jesus Christus, und zwar als Gekreuzigten (1 Kor 2,2). Wir können auf keinen strahlenden Göttersohn hinweisen, auf keinen faszinierenden Heroen, nicht einmal auf einen erfolgreichen Menschen. Kirche bekennt sich bleibend zu Jesus dem Gekreuzigten, und das heißt, zu einem Gescheiterten, zu einem, der sich nicht verständlich machen konnte, der — wie man so sagt — den harten Realitäten nicht gewachsen war, der ihnen unterlag. Die Realität menschlicher Grausamkeit war stärker als die Verkündigung seiner Botschaft. Wenn es in den Passionsberichten heißt »Pilatus ließ ihn geißeln«, dann wissen wir aus geschichtlichen Zeugnissen der damaligen Zeit, wie grausam Menschen sein können. So berichtet z. B. der jüdische Geschichtsschreiber Flavius Josephus, er habe als Kommandeur im galiläischen Taricheä einige seiner Gegner geißeln lassen, bis die Eingeweide sichtbar wurden. Und wenn Markus in seinem Passionsbericht schreibt, Jesus habe am Kreuz laut gerufen: Mein Gott, mein Gott, warum hast du mich verlassen, und er sei mit einem gellenden Schrei gestorben, dann ist das alles andere als ein weihevolles Sterben. Wir können nur schaudernd erahnen, in welches Leiden, in welche Verlassenheit und Todesangst Jesus gefallen ist.

An dieser Hinrichtung, an diesem Gekreuzigten kann die Kirche nicht mehr vorbei, will sie die Kirche Jesu Christi bleiben. Man stelle sich vor, da würden Menschen behaupten, an einem gewissen Juden, der von den Nazis in Warschau am Galgen gehängt wurde, entscheide sich das Heil aller Menschen. In einer solchen Situation befindet sich die Kirche, wenn sie auch heute noch Jesus Christus den Gekreuzigten verkündigt.

Wenn wir nun als Kirche glauben, daß sich in diesem gekreuzigten Jesus die endgültige Liebe Gottes zum Menschen geoffenbart hat, dann muß sich die Kirche, will sie
die Kirche Jesu Christi bleiben, zu jedem gekreuzigten
Menschen bleibend bekennen. Kirche unter dem Kreuz,
Kirche im Glauben an den Gekreuzigten, heißt Kirche in
der Solidarisierung mit allen gekreuzigten Menschen.
Wenn die Kirche nicht mehr um das durchkreuzte Dasein
der Menschen weiß, wenn sie dort nicht mehr anzutreffen
wäre, wo das Leben der Menschen durchkreuzt ist, dann
wäre sie nicht mehr die Kirche Jesu, des Gekreuzigten.
Der geschundene, geschlagene, gescheiterte Jesus von
Nazareth steht hinter allen Geschundenen, Geschlagenen
und Gescheiterten. Und darum darf sich Kirche unter dem
Kreuz nicht solidarisieren mit der Einschätzung, Beurteilung und Verurteilung des Menschen nach den Prinzipien
einer unmenschlichen Leistungsgesellschaft. Kirche unter
dem Kreuz heißt darum: Kirche auf der Seite der in Not
geratenen schwangeren Frau und auf der Seite des unge-
borenen Menschen; Kirche bei den unheilbaren Kranken
und Sterbenden, Kirche, die sich für das Recht des Menschen auf ein menschliches Leben und auf ein menschliches Sterben einsetzt — wobei die sogenannte erlösende
Spritze weder zu einem menschlichen, erst recht nicht zu
einem christlichen Sterben gehört.
Kirche unter dem Kreuz; deswegen muß sie bei allen sein,
die in Not sind: bei den »Sorgenkindern« und deren Eltern, bei denen, die mit dem Leben nicht mehr zurecht-
kommen, bei allen Zukurzgekommenen, bei den Verges-
senen, bei den Außenseitern und Randsiedlern, überall
dort, wo es um den Menschen geht, seine berechtigten
Wünsche und Hoffnungen, seine Rechte, seine Freiheit
und Würde. Hat dies nicht immer die Kirche gewußt und
auch Konsequenzen daraus gezogen? Sie ist darum im

Laufe ihrer Geschichte auch immer Anwältin, Ärztin und Mutter gerade der Kranken, der Leidenden und Ausgestoßenen gewesen. So wäre z. B. die Geschichte unseres Krankenhauswesens ohne die Kirche unvorstellbar. Wer da behauptet, die Geschichte der Kirche sei eine einzige Kette des Elends, der Erbärmlichkeiten und des Versagens, der kennt die Geschichte dieser Kirche nicht.

Sicher gab und gibt es auch die andere Seite; unter dem Anspruch des Gekreuzigten erfuhr die Kirche auch immer, erfahren wir es immer wieder, daß wir nicht unter dem Kreuz stehen, sondern vor ihm fliehen, den Gekreuzigten verraten. Dort, wo z. B. christliche Kreuzfahrer im Sommer 1099 an einem einzigen Freitag in Jerusalem zur Stunde der Kreuzigung Jesu 70 000 Sarazenen erschlugen; dort, wo das vierte Laterankonzil 1215 im 68. Kapitel den Juden das Tragen eines gelben Kreises und einer gehörnten Kappe aufzwang; dort, wo Papst Nikolaus V. in seiner Bulle »Romanus Pontifex« von 1454 der Sklaverei des spanischen und portugiesischen Kolonialismus zustimmte; dort, wo der Würzburger Fürstbischof Philipp Adolf von Ehrenberg (1623—1631) während des Dreißigjährigen Krieges innerhalb von fünf Jahren an die tausend Männer und Frauen als Ketzer und Hexen verbrennen ließ.[1]

Das Urteil über die Geschichte steht uns angesichts des Kreuzes sicherlich nicht zu; urteile jeder über sich selbst, ob er sich zu dem gekreuzigten Jesus und damit zu allen gekreuzigten Menschen, die ihm mitauferlegt sind, bekennt. Wenn wir uns als Kirche zu den gekreuzigten Menschen bekennen, dann ist dies nicht zuletzt für uns selbst eine Hoffnung. Ich darf dann nämlich daran glau-

---

1 Die Beispiele wurden einer Predigt von Erich Zenger entnommen, Die Verlassenheit Jesu am Kreuz; in: R. Schnackenburg u. a., Jesus-Anfrage an uns, Echter, Würzburg 1971, 96f.

ben, daß der Gekreuzigte auch mich an dem Kreuze meines Lebens findet, inmitten meiner unerfüllten Wünsche, zerschlagenen Hoffnungen, verkümmerten Liebe, inmitten meiner quälenden Fragen, Zweifel und tödlichen Einsamkeiten, inmitten meines eigenen Todes.

Mit all dem Gesagten ist aber auch schon unser dritter Gedankengang eingeschlossen.

Es bleibt die Erlösung durch das Kreuz

Wenn wir sagten, es bleibt für die Kirche das Ja zum gekreuzigten Jesus, das Ja zum gekreuzigten Menschen, dann ist damit das Ja zur Erlösung durch das Kreuz immer schon mitgemeint.

Was heißt denn: Wir sind durch das Kreuz Jesu Christi erlöst? Es heißt: Gottes Ja zum Menschen ist größer als des Menschen Nein; Gottes Liebe ist stärker als unser Haß; seine Treue ist mächtiger als unsere Untreue. Dies meint unser Glaube, wenn wir sagen: Im Kreuzestod und in der Auferstehung Jesu sind wir erlöst.

Jesu Botschaft: Gott liebt den Menschen, keiner ist von dieser Liebe ausgenommen, und weil Gott die Menschen liebt, können die Menschen untereinander Liebe und Frieden haben, diese Botschaft Jesu ist nicht verstanden worden, er ist nicht verstanden worden; man hat die Zusage verweigert, man hat reagiert, wie Menschen eben reagieren. Während sie die Paschalämmer schlachteten, ermordeten sie Ihn, der die Erfüllung jener Verheißungen war, die in diesen Opfertieren nur schwach zum Ausdruck kamen; während Pilatus hinwies auf Ihn, als auf ihren wahren König, schrien sie: Wir haben keinen anderen König als den Kaiser — Machtpolitik scheint immer stärker zu sein als das Angebot des Heils —; ihn, der die Freiheit von allen unmenschlichen Mechanismen und Gesetzen verkündet und gelebt hatte, ihn verurteilten sie mit ihren todbringenden Gesetzen. Und ihr gemeiner Spott unter dem Kreuz sagte nichts anderes als: Du hast uns ja einen schönen Gott verkündet; es muß nicht weit her sein mit seiner, von dir immer und immer wieder verkündeten Liebe, wenn Du, sein Liebling, so endest! Selbstgerechtigkeit, Verschlossenheit, Haß, Sünde und Ohnmacht der Menschen fanden hier in der Kreuzigung zu ihrem letztmöglichen Höhepunkt. Gott aber nimmt seine Liebe zu diesen seinen Menschen nicht zurück. Kann Gott diese Menschen noch lieben? Kann Gott uns noch lieben? Sein Ja, das er in Jesus, dem Gekreuzigten, gesprochen hat, bestätigt er in der Auferweckung des Gekreuzigten. Darum sind wir nun wirklich in der alles erlösenden Liebe Gottes. Wir sind gerettet und erlöst in dem Tod und in der Auferstehung Jesu. Dieser Gott findet uns überall, selbst in den verschlossenen Tiefen unserer Schuld und Sünde. Überall, wo Menschen gehen, suchen, umherirren und fallen, dort, wo es keine Auswege mehr zu geben scheint im Leiden und im Scheitern, in der Angst und in der Einsamkeit, in der Verzweiflung und im Tod, wartet Gott auf den Menschen — weil der Gekreuzigte der Auferstandene ist.

Die Frage, warum ich leide, sei der Fels des Atheismus — so heißt ein bekanntes Wort von Georg Büchner.

Das Kreuz Jesu Christi ist der Fels unseres Glaubens an den Gott, der nicht aufhören kann, den Menschen zu lieben.

Klemens Jockwig   # Auf welches Ziel hin?

Kirche der Zuversicht
Offb 21,1—8. 22—27; Mk 16,1—8

Insofern wir selbst Kirche sind, fragen wir mit Recht:
Können wir diese Kirche lieben? Aber sind wir selbst
denn so wichtig, daß wir als Kirche zum Gegenstand der
Verkündigung werden? Wir als Kirche sind deswegen so
wichtig, weil Jesus Christus in und durch die Kirche mitten in dieser Welt im Lebensschicksal jedes einzelnen gegenwärtig ist. Und weil Jesus, der durch die Zeit geht,
mit und durch uns in der Welt gegenwärtig ist, weil die
Kirche als bleibende Gegenwart Jesu also eine geschicht-
liche Größe ist, deswegen waren all die Fragen, die wir in
den Predigten der vergangenen Sonntage gestellt haben,
wichtige und berechtigte Fragen. Überall dort, wo wir die
Kirche angeklagt haben, haben wir uns damit selbst angeklagt. Auf weite Strecken waren diese Predigten konkrete
Bußandachten, Bekenntnis eigener Schuld, weil wir selbst
diese konkrete Kirche sind. Aber trotz aller eigenen
Schuld ist das Entscheidende und Bleibende in dieser Kir-

che Jesus, der Gekreuzigte, von dem wir glauben, daß **er** lebt. Und insofern Kirche der auferstandene Herr inmitten der Welt ist, wird unsere Frage, ob wir die Kirche lieben können, hinfällig; die Antwort darauf ist längst schon gegeben. Jesus Christus, der Gekreuzigte, und deswegen »Kirche unter dem Kreuz«; Jesus, der Gekreuzigte, der da lebt, und deswegen »Kirche der Zuversicht«.

Hatten wir am Karfreitag gesagt, daß Jesus als der Gekreuzigte bei uns bleibt, und daß es auch immer den gekreuzigten Menschen geben wird, daß aber vor allem für den gekreuzigten Menschen die Erlösung durch den Gekreuzigten bleibt, so haben wir damit eigentlich schon das Thema der heutigen Predigt »Kirche der Zuversicht« vorweggenommen. Denn darin liegt der tiefste Grund unserer Zuversicht, daß der Gekreuzigte lebt, und daß damit Gott selbst dem Menschen als liebender Vater begegnet.

Kirche der Zuversicht — im Glauben

Wenn es um Jesus geht, folgen uns heute viele noch bis zum Gekreuzigten. »Genau so ist es«, sagen sie. »Gerade diejenigen, die das Gute wollen, die die Liebe leben, sie gehen zugrunde!« Im Gekreuzigten erkennen sie die Situation des Menschen. Aber weiter können sie uns nicht folgen. Wenn wir bekennen: »Dieser Gekreuzigte lebt, und deswegen steht Gott selbst hinter ihm und seiner Botschaft«, winken sie ab. »Das ist unmöglich«, sagen sie. »Wunschdenken und Flucht ist es. Auferstehung? So etwas gibt es nicht. Uns bleibt nur das Kreuz, und wir können und dürfen nichts anderes tun, als den Menschen vom Kreuz holen.« »Gräber bleiben Gräber«, sagen sie. »Da rückt keiner mehr einen Stein weg!« Mag sein, daß auch wir vor dieser Osterbotschaft immer wieder aufs neue verwirrt sind, Angst haben und in Schrecken geraten, wie es im Osterbericht des Markus (vgl.

Mk 16,8) heißt, weil wir mit solch einer Botschaft nicht rechnen; sind doch auch unsere Erfahrungen überwiegend Erfahrungen des Leidens, des Kreuzes, des Todes. Aber wenn wir die Kirche Jesu Christi sind, sind wir wesentlich Kirche der Zuversicht, weil wir an diese Botschaft glauben: der Gekreuzigte lebt! Der in Galiläa begonnen hat zu verkündigen, daß Gott ein Gott für die Menschen ist, er will nun den Jüngern in Galiläa begegnen. Er, den wir ans Kreuz geschlagen haben, erscheint mit den Wundmalen an Händen, Füßen und an der Seite. Er, den Petrus dreimal verleugnete, fragt als Auferstandener eben diesen Petrus dreimal: Liebst du mich? (Vgl. Jo 21,15—18.) Weil die Kirche Gemeinschaft derer ist, die an die Osterbotschaft glauben, deswegen ist sie Kirche der Zuversicht.

Kirche der Zuversicht — für jeden

Was aber heißt das? Wenn Jesus nicht im Tod geblieben ist, dann hat Gott selbst ihn und seine Botschaft bestätigt; dann ist das alles bestimmende Verhältnis zwischen Gott und Mensch wirklich das Verhältnis der Liebe, wie es Jesus immer und immer wieder gesagt hat; dann gibt es wirklich eine Hoffnung, die alles trägt. Auf all unseren Lebenswegen begegnet uns nun Gott, denn er ist fertig geworden mit unserer Schuld, mit unserer Sehnsucht nach Glück und Leben. Wenn Jesus nicht im Tod geblieben ist, dann geht unsere Sehnsucht, daß doch die Liebe stärker sei als der Tod, nicht ins Leere, sondern auf ihre Erfüllung zu; dann bleiben unsere Gräber nicht verschlossen mit dem Stein jener menschlichen Erfahrung, daß der Tod das Letzte ist. Mag sein, daß hier viele abwinken und sagen: »Ihr Christen macht es euch da aber zu leicht! Auf jede Erfahrung der Schuld setzt ihr die Zuversicht auf Vergebung. Auf jedes Nein antwortet ihr mit einem größeren Ja. Gegen die Erfahrung des Scheiterns setzt ihr

die Behauptung der Hoffnung. Und nun wollt ihr selbst
noch den Tod mit endgültigem Leben überholen.« Mag
sein, daß da einige behaupten: »Sehnsucht, Liebe, Glück
und Erfüllung, all das ist nichts anderes als ein listiger
Trick der Natur, damit dieses biologische Leben eben
weitergehe.« Wir Christen glauben dagegen an unsere
Hoffnung, die da Jesus Christus heißt, von dem wir glauben, daß in ihm Gott selbst an uns handelt. Wir Christen
glauben daran, daß es einen Gott gibt, und daß jeder
einzelne Mensch so wertvoll für Gott ist, daß er selbst
menschliches Schicksal durchleben und erleiden wollte, um
jeden Menschen dort zu finden, wo er allein anzutreffen
ist, eben mitten in seinem unvertauschbaren Leben und
Sterben.

Illusionen unheilbar religiöser Menschen? Keineswegs,
sondern ein Glauben, aus dessen Kraft viele ihr Leben und
ihren Tod bestanden haben und mit dessen Kraft viele
ihr Leben und ihren Tod durchstehen werden. Träume-
reien als Fluchtwege aus der Wirklichkeit? Nein, sondern
eine Hoffnung, die keineswegs das Leben »versüßt«, die
vielmehr den Mut gibt, der vollen Wirklichkeit zu begegnen, weil wir davon überzeugt sind, daß Gott für uns
ist, und daß deswegen uns nichts mehr überwältigen
kann. Aus dieser Überzeugung und Hoffnung heraus haben Christen immer an der Gestaltung dieser Welt mit-
gearbeitet; sie hatten und haben keinen Grund, sich vor
den Aufgaben der Welt zu drücken.

Kirche der Zuversicht — für die Welt

Kirche der Zuversicht bedeutet nicht nur Zuversicht für
den einzelnen, für sein Lebensschicksal und sein Sterben;
Kirche der Zuversicht meint auch Zuversicht für alle Menschen, für die Völker, für die ganze Welt. Die Frage nach
dem Sinn des Lebens weitet sich in der heutigen Lebens-

und Welterfahrung immer unausweichlicher auf jene Frage hin aus: Wird es noch eine Zukunft für die Menschheit insgesamt geben?

Es braucht nicht mehr eigens betont zu werden, daß unsere heutige Zeit von einer Dynamik der Zukunftserwartung und des Fortschrittsoptimismus angetrieben wird, und daß wir selbst für die Gestalt und Zukunft unserer Welt verantwortlich sind. Dieses Bewußtsein ist schon für die meisten zu einer Selbstverständlichkeit geworden. Und wir hoffen dabei, daß der Mensch die Zukunft und das Glück für den Menschen sein wird. Jedoch werden Hoffnung und Optimismus immer stärker von Angst und Skepsis bedroht; Zuversicht scheint immer unausweichlicher umzuschlagen in Zweifel.

Was wird einmal aus dieser Welt und den Menschen auf ihr in ferner oder sogar schon in naher Zukunft werden?

Sparen wir es uns, all jene Zukunftsbefürchtungen aufzuzählen, die immer häufiger beschworen werden. Nehmen wir nur jene Meldung, die man am Karfreitag hören konnte, daß sich an verschiedenen Stellen der Autobahn vierzig, ja sechzig Kilometer lange Autoschlangen gebildet haben; oder denken wir an den grauenhaften Zukunftsfilm »Smog«, der kürzlich im Fernsehen ausgestrahlt wurde. Es sind Spitzen von Eisbergen, die unsere Welt ins Chaos zu stürzen drohen. Was wird aus der Welt werden?

Viele meinen: Die Aussichten stehen sehr schlecht. Und sie gehen mit einem verzweifelten »Trotzdem« an die fast hoffnungslosen Aufgaben. Andere resignieren, sie werfen die Werkzeuge hin: »Wir werden nicht mehr fertig mit der Zukunft; seien wir froh, daß wir nicht im 21. oder 22. Jahrhundert zu leben haben, falls es überhaupt noch ein 22. Jahrhundert geben wird. Laßt uns zusehen, daß wir selbst noch einigermaßen über die Bühne kommen, die da immer mehr zu einem Höllentheater wird.« Und wieder andere, die im Fortschritt den einzigen Garanten einer glücklichen Zukunft sahen, erkennen allmählich, daß man ohne Werte und Normen den Fortschritt nicht bewältigen kann, und daß es einen tieferen Sinn geben muß, aus dem heraus und auf den hin die Welt gestaltet werden kann, soll diese Welt, die als Paradies geplant ist, nicht zur Hölle werden. Weil wir aber heute auf die Fragen nach Werten und Normen sowie nach dem Sinn keine gültigen Antworten mehr scheinen geben zu können, deswegen wächst die Angst vor einem drohenden Chaos. Was bedeutet es in solch einer Situation, von der Kirche der Zuversicht zu sprechen? Sicherlich nicht, daß die Kirche auf alle Fragen eine Antwort wüßte und für jedes Problem die Lösung hätte. Kirche der Zuversicht zu sein, bedeutet zuerst einmal, sich für die gegenwärtigen und zukünftigen Aufgaben verantwortlich zu wissen. Nicht umsonst sollten die beiden Worte, mit denen das Zweite Vatikanische Konzil seine Aussagen über die »Kirche in der Welt von heute« begann, »Freude« und »Hoffnung« heißen.

»Freude und Hoffnung, Trauer und Angst der Menschen von heute, besonders der Armen und Bedrängten aller Art, sind auch Freude und Hoffnung, Trauer und Angst der Jünger Christi«, heißt es dort. Und weil die Christen im Glauben an Jesus Christus eine unzerstörbare Hoffnung haben, deswegen können Freude und Hoffnung stärker sein als Trauer und Angst. Daran sollte man die Christen erkennen können, daß sie durch ihr konkretes Leben in aller gegenwärtigen Ratlosigkeit, Angst und Resignation der Hoffnung eine glaubwürdige und dauerhafte Chance geben.

Kirche der Zuversicht zu sein, bedeutet also, trotz der scheinbar unüberwindlichen Hindernisse und der mannigfachen Erfahrung des Scheiterns eine unzerstörbare Hoffnung auf eine gute Zukunft für die Welt und die Menschheit zu haben. Auf diese Hoffnung muß sich das Wirken der Kirche inmitten der Welt gründen. Und weil die Kirche diese Hoffnung aufgrund des Glaubens an den Auferstandenen besitzt, deswegen darf sie nicht mit den Mitteln der Macht an die Lösung der gegenwärtigen Probleme gehen, sondern allein mit der Machtlosigkeit der Liebe, jener Liebe, mit der Jesus am Kreuz gescheitert zu sein schien, in der allein aber die Welt endgültig gerettet wurde. Deswegen kann Kirche nur dann Kirche der Zuversicht sein, wenn sie sich für jeden einzelnen einsetzt im Vollzug der jeweils konkreten Liebe.

Kirche der Zuversicht — als Vision

Wenn Menschen über die Zukunft nachdachten, hatten sie auch immer Vorstellungen und Visionen der Zukunft. Aus der Hoffnung entstanden Bilder einer besseren Zukunft. Nicht zuletzt waren es auch immer wieder solche Zukunftsvisionen, aus denen man die Kraft gewann, die Gegenwart zu bestehen.

Das letzte Buch der Hl. Schrift, die Offenbarung des Johannes, zeichnet aus dem Glauben und aus der Hoffnung solche Bilder der Zukunft. Am Ende wird Gott das offenbare und endgültige Heil für alle Völker sein. »Ich sah die heilige Stadt, das neue Jerusalem, von Gott her aus dem Himmel herabkommen.« Und diese Hoffnung ist ausgedrückt in jenem Urbild menschlichen Glücks und menschlicher Liebe schlechthin, im Bild der liebenden Frau und des liebenden Mannes. Christliche Zukunftsvision: Gott selbst wird inmitten der Menschheit wohnen, und alle Menschen werden das Volk Gottes bilden. Wenn einmal diese vollendete Gemeinschaft zwischen Gott und den Menschen bestehen wird, dann werden keine Tränen mehr vergossen werden, »der Tod wird nicht mehr sein, nicht Trauer noch Klage noch Mühsal«. Das Alte wird vergangen sein, und die neue Schöpfung, die mit der Auferstehung Jesu begann, wird zur Vollendung gelangen. Die Pracht und die Kostbarkeiten der Völker werden in die heilige Stadt gebracht werden, heißt es dann. Und dies bedeutet doch nichts anderes, als daß alle menschlichen Bemühungen um die »Stadt des Menschen« von Gott zur Vollendung gebracht werden. Keine unserer Mühen um eine menschliche Welt ist umsonst. Nichts von dem, was wir getan und erlitten haben, wird Gott vom Tisch der Geschichte fegen, vielmehr wird er unsere Arbeit, unsere Tränen und unsere Leiden, unsere Liebe, unser Leben und unseren Tod annehmen und er wird alles vollenden in den neuen Himmel und die neue Erde. Zukunftsvisionen der Kirche, geglaubte Wirklichkeit, hinter der Gott steht. Und deswegen schließt die Hl. Schrift mit jenem sehnsuchtsvollen Ruf, daß der Gekreuzigte, der da auferstanden ist, doch endlich kommen möge, um diese Welt zu verändern, damit unsere Visionen sich doch erfüllen. »Amen, so komm doch, Herr, Jesus Christus!« Deswegen ist Kirche nichts anderes als Menschen unterwegs mit Christus und gleichzeitig unterwegs zu ihm. Und so heißt unser erstes und letztes Wort im Glauben an ihn, den Gekreuzigten, der lebt: »Herr, komm doch!« Und seine Antwort: »Ja, ich komme bald! Amen!«

Die Autoren

P. Winfried Daut CSsR (geb. 1942), z. Zt. Studium der Kirchengeschichte; 5202 Hennef (Sieg) 1, Klosterstraße

P. Viktor Hahn CSsR (geb. 1931), Dr. theol., Professor für Dogmatische Theologie und Fundamentaltheologie an der Phil.-Theol. Ordenshochschule der Redemptoristen, 5202 Hennef (Sieg) 1

P. Klemens Jockwig CSsR (geb. 1936), Dr. theol., Professor für Homiletik, Katechetik, Pädagogik und Sprecherziehung an der Phil.-Theol. Ordenshochschule der Redemptoristen, 5202 Hennef (Sieg) 1

P. Peter Lippert CSsR (geb. 1930), Dr. theol., Professor für Moraltheologie, Pastoraltheologie und Theologie der Spiritualität an der Phil.-Theol. Ordenshochschule der Redemptoristen, 5202 Hennef (Sieg) 1

P. Hermann-Josef May CSsR (geb. 1938), Lehrbeauftragter für Dogmatische Theologie an der Phil.-Theol. Ordenshochschule der Redemptoristen, 5202 Hennef (Sieg) 1

Wo begegnet uns Gott?

Zehn Predigten. Herausgegeben von Viktor Hahn und Klemens Jockwig.
Mit Beiträgen von W. Daut, V. Hahn, K. Jockwig, P. Lippert,
H.-J. Müller, K.-H. Ossenbühl.
100 Seiten, Paperback, DM 8,80, Offene Gemeinde Bd. 18

Es gehört zu den unausweichlichen Erfahrungen eines gläubigen
Christen, trotz aller Glaubenszuversicht Gott suchen zu müssen.
Welche Kriterien soll man anlegen, um leichtfertiger Pseudogläu-
bigkeit ebensowenig zu erliegen wie bitterer Skepsis? Mit dieser
Frage beschäftigen sich die Predigten dieses Bandes. Die Antworten
zeigen Möglichkeiten und Chancen auf zu erkennen, wo Gott uns
begegnet.

Was auf uns zukommt

Ansprachen zu den Letzten Dingen.
Herausgegeben von Viktor Hahn und Klemens Jockwig.
Mit Beiträgen von W. Daut, A. Fries, V. Hahn, K. Jockwig,
P. Lippert und H.-J. Müller.
96 Seiten, Paperback, DM 8,80, Offene Gemeinde Bd. 14

In einer Zeit, die vor allem durch mathematisch-naturwissenschaft-
liches Denken bestimmt ist, die eigentlich nur das Nachprüfbare und
Erfahrbare gelten lassen will, sind wir nur zu leicht geneigt, die
Aussagen der Botschaft als unannehmbar abzutun. Dieses Predigt-
Buch will mit den Inhalten der Eschatologie, der Lehre von den
»Letzten Dingen«, bekanntmachen, es will Hilfen geben, die The-
matik in die Sprache heutiger Verkündigung zu bringen.

Ich glaube und bekenne

Ansprachen zum Apostolischen Glaubensbekenntnis.
Herausgegeben von Viktor Hahn und Michael Kratz.
Mit Beiträgen von G. Chierego, W. Daut, A. Fries, V. Hahn,
K. Jockwig, M. Kratz und H.-J. Müller.
144 Seiten, Paperback, DM 9,80, Offene Gemeinde Bd. 11

Als Thema einer Predigtreihe bot sich das Apostolische Glaubensbekenntnis als Kurzformel des christlichen Glaubens geradezu an.
Seine Auslegung will Hilfe für den Prediger als auch für alle sein,
die eine erste Glaubensinformation suchen.

LAHN-VERLAG 625 LIMBURG